# 百 美 图

杨居让 任越美 ———— 著

**图文版人物写真**

陕西新华出版 三秦出版社

# 出版说明

　　这是一套浓缩的中国历史普及读物,它舍去斑驳陆离的历史过程、莫衷一是的是非功过,只是眼盯着历史上那些鲜活生动的三教九流、芸芸众生,按照特定的价值尺度,选取一百名风格各异的人物。如果说五千年中国历史是一部戏剧,那么这些人物基本上就是剧中的主要演员了。《百将图》荟萃了各个朝代的军事精英,名将们以其大智大勇力挽狂澜而赢得了人们的尊敬,他们有的是一仗成名,少年得志;有的是老谋深算,百战百胜。战争和危难为他们提供了一展身手的机遇,使他们名垂青史。《百美图》实则是中国历史上女性群体中的翘楚,容貌和姿色并不是她们入选的主要资本,聪慧和善良才使她们备受垂青。《百孝图》搜辑历代孝亲敬老故事,意在延续中华古代第一美德的血脉。《百帝图》总结历代帝王兴衰成败的关键,通过一个个故事把美德和痼疾同时展现。《百贤图》汇辑历代名臣言行和儒林故事,描绘了中国古代士大夫的精神风范。《百仙图》着眼于遁世避俗者这一特殊群体,用小说家言诠释他们的准真实故事。

　　此次整理出版这套小书,基本都是在古人原书基础上,补充了大量资料后改写而成稿。书中插图大多数为古书原图,具有较高的欣赏和收藏价值。

# 目 录

佳人难再得（李夫人）……………………（1）
珍宠贮娇宜（陈后）………………………（3）
宝帐重重护（飞鸾轻凤）…………………（5）
金莲步步移（潘贵妃）……………………（7）
靓妆凭绮阁（张丽华）……………………（9）
熏浴出汤池（杨贵妃）……………………（11）
奉召初伸掌（钩弋夫人）…………………（13）
朝尊淡扫眉（虢国夫人）…………………（15）
浣溪留艳迹（西施）………………………（17）
织室显殊姿（潘夫人）……………………（19）
绿供螺痕黛（吴绛仙）……………………（21）
颜增獭髓医（邓夫人）……………………（23）
助颜梅点额（寿阳公主）…………………（25）
齐润玉如肌（甘后）………………………（27）
始掠秋蝉鬓（莫琼树）……………………（29）
新裁雪叠縠（张丽嫔）……………………（31）
胜兰吹气馥（丽娟）………………………（33）
洒竹泪纹滋（娥皇和女英）………………（35）
缠足昭蟾影（窅娘）………………………（37）

1

**百美图**

回身省鹤仪（凝香儿）……………………（39）
斛珠空慰念（梅妃）………………………（41）
纨扇表幽思（班婕妤）……………………（43）
丽句传笺彩（袁大舍）……………………（45）
美色照汗青（貂蝉）………………………（47）
环刀归汉帝（孙夫人）……………………（49）
戎服作阏氏（王昭君）……………………（51）
仕宦金吾匹（阴后）………………………（53）
权衡学士诗（上官昭容）…………………（55）
雀屏占妙选（窦后）………………………（57）
鸾镜志临歧（乐昌公主）…………………（59）
浅浅流霞晕（薛夜来）……………………（61）
夭夭浥露枝（戈小娥）……………………（63）
一声河满唱（孟才人）……………………（65）
百绝禁闱诗（花蕊夫人）…………………（67）
乍望神先沮（邢夫人）……………………（69）
无言自强持（息夫人）……………………（71）
妖娆三少貌（夏姬）………………………（73）
愧悔十香词（懿德后）……………………（75）
仓猝游畋异（冯小怜）……………………（77）
频仍废立奇（羊后）………………………（79）
凤来良有以（赵飞燕）……………………（81）
狐媚亦奚为（武则天）……………………（83）
倩盼终应悼（卫庄姜）……………………（85）
温柔讵可怡（赵合德）……………………（87）
同心惭赐结（宣华夫人）…………………（89）

面首笑充帷（山阴公主）……………………………（91）
漫举烽烟戏（褒姒）…………………………………（93）
翻令垓下悲（虞姬）…………………………………（95）
乔公欢两婿（大乔小乔）……………………………（97）
秦国侈诸姨（秦国夫人）……………………………（99）
我见犹怜汝（李势女）………………………………（101）
卿呼更属谁（王戎妇）………………………………（103）
腻环常引蝶（楚莲香）………………………………（105）
龋齿想支颐（孙寿）…………………………………（107）
樱唇与纤腰（樊素小蛮）……………………………（109）
舞衣曾怯重（薛瑶英）………………………………（111）
歌幔镇教垂（宠姐）…………………………………（113）
史为修蛾撰（莹娘）…………………………………（115）
才因协律知（雪儿）…………………………………（117）
璇玑图蔚若（苏蕙）…………………………………（119）
啰唝曲凄其（刘采春）………………………………（121）
翰墨畴能蔽（卫夫人）………………………………（123）
丹青倒好嬉（管夫人）………………………………（125）
辨弦分二四（蔡文姬）………………………………（127）
代戍失雄雌（木兰）…………………………………（129）
顿觉参禅悟（琴操）…………………………………（131）
宁愁记拍贵（张红红）………………………………（133）
龙门陪乘著（随清娱）………………………………（135）
蜀郡校书推（薛涛）…………………………………（137）
越礼从司马（卓文君）………………………………（139）
闻名动牧之（紫云）…………………………………（141）

3

## 百美图

黄昏潜约后（朱淑真）…………………………………（143）
古渡许迎时（桃叶）……………………………………（145）
待月藏萧寺（崔莺莺）…………………………………（147）
吟红向水湄（韩翠蘋）…………………………………（149）
逾垣谋甚捷（红绡）……………………………………（151）
执拂去毋迟（红拂）……………………………………（153）
审戒虚云犯（叶小鸾）…………………………………（155）
销魂定不疑（粉儿）……………………………………（157）
章台欣复合（柳氏）……………………………………（159）
溢浦恨轻离（浔阳妓）…………………………………（161）
欲向君王觅（贾爱卿）…………………………………（163）
遑辞节度随（关盼盼）…………………………………（165）
鸳鸯飞忍背（徐月英）…………………………………（167）
鹦鹉唤还痴（琵琶）……………………………………（169）
驿里缘希续（秦若兰）…………………………………（171）
楼中祸忽罹（绿珠）……………………………………（173）
井桐题落叶（任氏）……………………………………（175）
春草感天涯（朝云）……………………………………（177）
袍寄谐今偶（开元宫人）………………………………（179）
荷芬证宿尼（卢媚儿）…………………………………（181）
仙女降羊家（萼绿华）…………………………………（183）
仙窟饮琼卮（云英）……………………………………（185）
洛渚陵波袜（洛神）……………………………………（187）
巫峰行雨祠（巫山神女）………………………………（189）
云和凭搊管（董双成）…………………………………（191）
彩翼羡联骑（弄玉）……………………………………（193）

幸窃长生药（嫦娥）……………………………………（195）
何妨七夕期（织女）……………………………………（197）

## 佳人难再得

李夫人，是汉武帝的宠妃，李延年的妹妹。有一次，汉武帝召李延年进宫唱歌，李延年就唱道："北方有佳人，绝世而独立；一顾倾人城，再顾倾人国，宁不知倾城与倾国，佳人难再得！"汉武帝听到这支歌，非常感慨，就问左右说："世上哪里会有这样的佳人呢？"汉武帝的姐姐这时正在武帝身边，笑着说："李延年歌中的佳人就是他的妹妹！"

李延年是一个很懂音乐的人，他一直向往着荣华富贵的生活。看到年事已高的汉武帝渐渐沉湎于美色，就借唱歌的机会将妹妹引见给汉武帝。

李延年的妹妹被召入宫了。她的美貌令汉武帝十分着迷，刚一进宫，年过半百的汉武帝就情不自禁的宠之专房，宫中都称她为李夫人。

可是，尽管李夫人妙丽善舞，可她的性格却是"艳如桃李，冷若冰霜。"武帝反而更加喜爱她。李夫人入宫后，李延年的目的达到了，由最初的给事狗监一跃而成了协律都尉，在宫中胡作非为，李夫人更感伤心，整天郁郁寡欢。

入宫的第二年，李夫人生了一个儿子，即后来的昌邑哀王。李夫人幽郁的性格终于夺走了她年轻的生命。在病危时，汉武帝惆怅地来到病床前，想见她最后一面，但因"未化妆不能见君"的古训，她一直没有回过头来。

李夫人死后，武帝因思念这位绝代佳人而寝食俱废，并下令在甘泉宫绘出李夫人的图像，让方士召还李夫人的魂灵和自己相会。不久，汉武帝因伤心过度，心力憔悴而死。

后人有诗赞咏道：
倾城倾国可人怜，固宠从知有秘传，
枕畔歔欷幄中坐，更教天子赋哀蝉。

百美图

## 珍宠贮娇宜

陈皇后是汉陈婴的曾孙女。在汉武帝还只有几岁的时候，长公主看着逗人喜爱又聪明绝顶的汉武帝问："这么多的美女，你喜欢哪一个？"武帝指着阿娇说："我要给她建一幢漂亮的金屋。"长公主很是得意，因为阿娇是自己的女儿。后来汉武帝继位后，觉得不能食言，便立阿娇为后。

然而此时的武帝，却深深地爱着陈后，在迫不得已的情况下，武帝让陈后迁居长门宫。陈后受到了冷落，整日忧愁妒嫉，悒郁寡欢。当她听说司马相如的文章深受皇帝青睐，就派人拿了黄金百斤，求司马相如为她写一篇"长门赋"，借以表达自己的伤痛情怀。相如接待了陈后派来的使者，对陈后的遭遇深表同情，于是挥毫洒情，写了一篇感人肺腑的"长门赋"，劝示皇上。汉武帝被相如的文章感动，更被陈后的淋漓情怀打动，重新召回陈后，深加宠爱。

后人有诗咏赞：
韶龄早愿得同衾，谁致尘生旧屋金；
闻说长门曾买赋，难言妒极是情深。

百美图

飛鸞輕鳳

## 宝帐重重护

唐朝宝历年间,浙东国为了讨好李唐,把两个美女飞鸾和轻凤进献给皇上。飞鸾和轻凤不但体轻如燕,美貌若仙,她们还有一个共同的特点,就是蛾眉和秀发中散发着一股兰香芬芳的气味,最为醉人。她们柔嫩的肌肤,四季都散发着沁人心脾的芳香。

皇上得了二位美女,如获至宝,整天左拥右抱,极尽风流。二位美女擅长歌舞,皇上专门给她们雕琢玉芙蓉当作歌舞台,让她们在上面轻歌曼舞,皇帝在台下观赏。据说飞鸾和轻凤的美妙歌喉,就像鸾鸟和凤鸟在婉转鸣叫,能召来许多飞鸟落在台上,与她们同乐。每当飞鸾和轻凤歌舞完后,皇上就情不自禁,要与她们缠绵一番。皇上怕大臣们偷觑美色,当大臣上朝时就把二美人藏在金屋内,用宝帐遮严,当时宫中盛传着"宝帐香重重,一双红芙蓉"的赞叹。

有诗赞道:
鸾凤齐鸣自越江,兰膏芬馥灿银缸。
深宫不少闲花草,珍重芙蓉只一双。

## 金莲步步移

潘贵妃是南朝齐皇帝的宠妃,小名叫玉儿。生得肌白如雪,貌美若仙。东昏侯迷恋上潘贵妃,作为南齐的皇帝,他痴爱着潘贵妃,几乎到了怕她的程度,可见她是多么受宠。东昏侯以帝王之尊外出,总是让潘妃坐轿,甚至就睡在轿中,他自己则骑着一匹马跟随。他为了博取爱妃的欢心,特地为她建筑仙华、神仙、玉寿三殿、饮酒作乐,极尽奢侈。

更为不可思议的是,他为潘贵妃凿金莲花贴于宫殿地面,潘贵妃迈着细碎的舞步,穿着曳地长裙在上面轻舒广袖,翩翩起舞,香风过后,就会出现一朵朵耀眼的金莲,他自鸣得意地把这称之为"步步生金莲"。

东昏侯不允许任何污尘染至潘贵妃的宫殿,除了地上贴莲花以外,又在墙壁上涂以丹砂,给四周拉上柔丝纱帘,整个宫殿像仙山琼阁。东昏侯每天都为潘贵妃准备新的丝衣,以显示她的娇艳丽质,并声称要让潘妃把天下最珍贵的衣物穿遍。

东昏侯和潘贵妃奢侈的生活维持了不到两年,就被梁武帝攻破了京城建康、东昏侯被杀,潘贵妃被赐给有功之臣田安启,潘贵妃誓死不从,自缢而死。

后人有诗赞咏道:
凿地莲花步步娇,不堪影事话南朝;
昏鸦也解斜阳恋,绕尽江山木已凋。

百美图

# 靓妆凭绮阁

张丽华，南唐陈后主的宠妃。美貌聪慧，典雅秀丽，柔光顾盼，情意可人。特别是她那长及腰际的秀发，潇洒飘逸，美不可言。她从小生活在风月场所，极善搔首弄姿，卖弄风情。她之所以能得宠于陈后主，凭的就是她娇羞的情态和一双柔情似水、会说话的眼睛。每当陈后主看着她轻歌妙舞的芳姿，便春心荡漾，柔情满怀，对她爱不释手。陈后主经常抱张丽华在膝上处理朝政，就是大臣上朝进谏也不回避。

陈后主堪称风流皇帝，他不惜重金，为张丽华修筑了豪华的临春、结绮、望仙三阁，他们终日饮酒作乐，颠鸾倒凤。陈后主迷恋女色，不理朝政，张丽华更是恃宠弄权，紊乱纲纪，一时国家无人治理，内忧外患，当隋朝大将韩擒虎攻到台城的宫殿前时，陈后主才踉跄地挟着张丽华在混乱中躲入景阳井中。结果被韩擒虎搜出来，将陈后主押解长安，张丽华当场处死。

后人有诗专道此事：
淡雨轻烟梦六朝，胭脂井是血花浇；
乌丝鬈地三千丈，不及杨花一寸骄。

百美图

## 熏浴出汤池

杨贵妃，字玉环。以丰满妖艳而宠倾唐王宫。唐玄宗最爱杨贵妃的丰满而不失苗条，妖艳而不失尊贵。但是贵妃生性好妒，曾和唐玄宗多次发生口角，被贬回家。然而多情的唐玄宗自从领略了杨贵妃的风情后，总也忘不了她。杨贵妃走后，唐玄宗愁眉不展，动辄大发雷霆。高力士深知玄宗的心思，便将杨贵妃偷偷接回宫中。二人相见，抱头痛哭，互诉思念之情。从此杨贵妃知道了唐玄宗的宠爱和他的弱点，唐玄宗更明白自己离不开杨贵妃。二人形影相随，一时半刻也不愿分开。玄宗带着众嫔妃，让她们观看自己和杨贵妃在兴庆池中戏水，在水中宫殿缠绵。为了表示自己的爱意，杨贵妃剪下一缕青丝送给唐玄宗，玄宗感动之极。贵妃想吃家乡的荔枝，玄宗专设驿站，不分昼夜，运来新鲜的荔枝。每年唐玄宗临幸华清池必携玉环同往。华清宫内，有为玉环设的"端正楼"，供杨贵妃梳洗打扮；还有一座"莲花池"，以备贵妃沐浴洗澡。后来白居易写下了有名的长恨歌，其中有"春寒赐浴华清池，温泉水滑洗凝脂；侍儿扶起娇无力，始是新承恩泽时"。后来"安史之乱"，杨贵妃被勒死在马嵬驿，死时年仅三十八岁。

后人有诗赞道：
霓裳一曲舞衣轻，含笑秋波百媚生。
宫院三千皆国色，春寒独赐华清宫。

百美图

## 奉召初伸掌

　　钩弋夫人，就是后来汉昭帝的母亲赵婕妤。有一次，汉武帝带着大队人马、侍从和鹰犬，到河间打猎。这个一生雄才大略、英武卓绝的风流皇帝，在这个风景秀丽的狩猎区，忽然感觉有股灵气向自己暗袭而来。于是下令停止前进。搜寻中发现了一个奇特的美女。只见她目光流盼，艳丽含娇，像天仙一般美丽。汉武帝情不自禁去抚摸她纤弱的小手，却发现那双小手紧紧地握成拳头。侍从报告说，这个美人的一双手天生就这样握着，从来没有伸开过。武帝听说，更是惊异。他用深情的目光轻抚着少女，当他和美女的目光相对时，全身的血液都沸腾起来，武帝用手轻轻地触摸着美女细嫩的指关节，那双握了十几年的手竟奇迹般地慢慢舒展开来，成了一双纤纤的玉手。汉武帝非常高兴，急忙招呼人马侍从，带美人一起回宫，并进升为婕妤，赐住钩弋宫内，称为"拳夫人"。

　　后人有诗咏道：
　　双拳长握待君伸，御辇遥临宠眷新。
　　可惜蛾眉偏后死，全恩终让李夫人。

百美图

虢國夫人

## 朝尊淡扫眉

虢国夫人是杨贵妃的姐姐，排行第三。大姐被封为韩国夫人，她被封为虢国夫人，八姐被封为秦国夫人。姊妹几人都长得丰满妩媚，深受玄宗宠爱。其中杨贵妃最会卖弄风情、宠倾后宫。几个姐妹因杨贵妃受宠才进入后宫，所以表面上谁也不敢争风吃醋，但暗地里都捏着一把劲，要争个高低。

唐玄宗给杨家姐妹每月十万钱作为脂粉开资，让她们争奇斗艳，供自己赏心悦目。唯独虢国夫人例外。她自恃长得漂亮，身材姣好，要在玄宗皇帝面前显露出自己的纯情，以打动其心。所以经常不施朱粉，只是梳洗端庄，打扮雅丽，直接面见皇上。玄宗看到满宫廷都是浓妆艳抹，忽然看见虢国夫人清水芙蓉，雅态清秀，流露出一种天然的纯情，于是不断临幸虢国夫人，盛赞其丽姿美貌。为此，杨贵妃曾和玄宗大闹一场，逼得玄宗只能暗地里宠爱虢国夫人。张祐有诗云："虢国夫人承主恩，平明骑马入金门。却嫌脂粉污颜色，淡扫蛾眉朝至尊。"

后人有诗咏赞道：
不作浓妆分外妍，阿姨素面去朝天；
景阳楼上钟初罢，一骑嘶过凤阙前。

百美图

## 浣溪留艳迹

西施是春秋末年越国人,她的故乡在苎萝村,她是苎萝山下一个樵夫的女儿。由于她是苎萝西村最美丽的少女,姓施,所以人们称她为西施。

春秋时期,各国争霸,越国被吴国打败,退守会稽。越王知道吴王夫差好色,一面卧薪尝胆,一面命范蠡遍求国中美女献于吴王,以乱其政。范蠡寻遍民间,终于发现了正在溪边浣洗衣服的西施,便带到越国的新都会稽,为其梳妆打扮,并熏陶以宫廷礼仪。

范蠡经过三年的培养,使西施在风韵、气质上都卓尔超群,与此同时,他们之间也产生了深厚的爱情。但范蠡肩负复国大计,他忍痛割爱,毅然将西施送到开往吴国的航船上,西施在分别之际,将自己全部的爱奉献给范蠡。

当西施站在吴王夫差面前时,夫差简直惊呆了。越国能给自己送来这样的无价之宝,证明了越国对自己的忠心。于是他整天陪着西施寻欢作乐,不理朝政。伍子胥明白越国的意图,他多次劝谏夫差,但夫差就是不听。

越王勾践一方面表示对吴国臣服,另一方面实行富国强兵的政策,最后终于打败了吴国。

时至今日,人们仍传颂着西施的故事。浣纱溪畔仍留着西施昔日浣纱之石,苏州的灵岩山,还有吴王夫差为西施建造的别馆,山上还有西施当年跳舞的遗迹。

后人有诗赞咏道:
芳踪出自苎萝西,未许修明色与齐;
水剩山残吴越尽,千年犹说浣纱溪。

百美图

## 织室显殊姿

潘夫人，是三国时吴国的美女。她长得妩媚漂亮但从不娇饰。后来因父亲犯了法，她被打入宫里幽禁起来，在阴湿的房里纺纱织布，愁苦度日。在同一间房子里，被幽禁的有100多人，但她们都没有潘夫人长得漂亮，她们看见潘夫人娇美的愁容与冷艳的风姿，悒郁的脸上有种圣洁的光泽，都自愧不如。大家都敬而远之，以为她是神女。

这种神乎其神的传说，传到了孙权耳里，他觉得好奇，就命画工画出她的容貌，倒要看看天下会有多么美的美女。但是潘夫人因父亲的事一直闷闷不乐，就是听到吴主的旨意仍是郁郁寡欢，饮食不思，面容憔悴。画工只能如实画出了她的整个愁容，把画像呈给吴主。吴主看到画像后大惊："果真是神女。她的愁容中含有一种圣洁的美艳，看了就叫人怜惜。若是高兴的时候，那艳丽芳姿更会妙不可言。"于是急忙下令，将潘夫人纳入后宫，深加宠幸。

后人有诗咏道：
满面啼痕泪不收，堪怜织室竟同幽。
谁知感动君主处，就在图中一点愁。

百美图

## 绿供螺痕黛

吴绛仙，是隋炀帝的著名妃子。隋炀帝游江都时，乘坐着龙舟，强征吴越间十五六岁的民女给他牵拉彩色缆绳，称为"殿脚女"。一日，当他正要登上萧妃的凤舸船时，发现了"殿脚女"中有一个十分艳美妩媚的女子，这就是隋炀帝第一次见到吴绛仙。看着吴绛仙那长长的蛾眉，妖娆的身材，隋炀帝不忍离去，便将吴绛仙纳入宫中，封为崆峒夫人，宠爱无比。吴降仙擅长画蛾眉，所画之眉如远山含黛，妩媚含情。自从她受宠后，随炀帝后宫嫔妃争相仿效，有过之而无不及。随之而来的是，后宫脂粉费用大增。隋炀帝宠爱绛仙，单给她供应从波斯买来的用作画眉的一种墨叫"螺子黛"，每颗价值十金。即就是赋税征收不齐的时期，隋炀帝给其他嫔妃改用"铜黛"，而吴绛仙却不乏货真价实的"螺子黛"。一时间，吴绛仙因画修长蛾眉而独领风骚。隋炀帝常常依着吊帘欣赏绛仙的芳姿，感慨万千地说："古人说秀色可餐，这话对吴绛仙来说果真不假。"

后人有诗赞道：
媚人秀夺远山姿，螺黛争夸善画眉；
宫镜晓妆皆望宠，空教蛾绿费波斯。

百美图

## 颜增獭髓医

邓夫人，是东吴孙和的爱妃，长得眉清目秀，艳若桃花。孙和很爱邓夫人，无论干什么事情，总是让邓夫人侍立身旁，不离半步。一天晚上，孙和带着邓夫人在花园散步，共同赏月，二人相依相偎，情话绵绵。来到园中小亭，看着月光下的邓夫人，宛如娇嫩的绿叶，带露的花蕾，孙和春心荡漾，将邓夫人拥在怀中，情不自禁地抚摸着邓夫人。一不小心，手中的水晶如意碰伤了夫人的脸颊，孙和心疼万分，忙唤御医来护理，御医看后说，光是止血很容易，若要不留疤痕，必须用白獭髓、玉屑与琥珀屑调和在一起，经常涂抹，方能见效。按御医的嘱托，孙和命人按药方配药，不料琥珀却放得多了一点，结果在脸颊上留下了一个赤红色斑点，相反给邓夫人更增添了一份俏丽，孙和大悦，更加宠爱。从此，嫔妃们相继效仿，都用丹脂在脸颊上点一小斑，以增美妍。

后人有诗为证：
玉颊红添绝世姿，宫人枉事点丹脂。
君恩本自多怜惜，媚态非关獭髓医。

百美图

## 助颜梅点额

寿阳公主,是宋武帝的女儿,天真烂漫,光彩照人,她的一颦一笑都招人喜爱,皇宫里的王公贵族都羡慕她的美貌,对她大献殷勤,希望得到她的芳心。可是寿阳公主根本不把这些人放在眼里,她只不过是戏弄这些人,对他们任意调笑,满足自己的虚荣心,惹得一些公子哥们春心荡漾,却对她琢磨不透,一些风言风语不时传入皇宫。宋武帝特别喜欢寿阳公主,他喜欢女儿的清丽秀美,喜欢女儿的活泼开朗。听到了风言风语后,他拉女儿坐在身边,语重心长地说:"你还年轻,有很多事情不懂。现在有许多人讨好你,固然是因你美丽可人,但也是势利所然。作为一位公主,你要学会自重。你终究要为人妻,做人母,要稳重大方,高雅端庄。"听了宋武帝的话,寿阳公主陷入了沉思,从此练习棋琴书画,陶冶情操,装束打扮也端庄大方。有一次,她在含章殿小憩,一朵梅花正巧落在额上,成了五彩花瓣,拂之不去,更增添了她的妩媚。宫中女嫔纷纷效仿,称其为"梅花妆",从此传为佳话。

后人有诗赞咏道:
花落南枝片片香,佳人春倦卧含章。
东君似有怜娇意,五出添来额上妆。

百美图

## 齐润玉如肌

甘后，是三国时刘备的皇后。出身低微，但长相漂亮，皮肤柔滑，艳丽端庄。18岁时被先主纳入后宫，深加宠爱。先帝特别喜欢她洁白如玉的皮肤，特别是在夏天的夜晚，他常让甘后在玉帐内不穿丝衣，自己却站在月光下凝视甘后那令人遐想的躯体，赞叹不已。后来有人给先主又进献了一个高约三尺的玉人，他就把玉人也放在甘后的卧房内，甘后和玉人交相辉映，特别是到了夜晚，简直难以分辨谁是真人，谁是玉人。一时间后宫传为神奇，先主也更是得意。他白天和大臣们讨论天下形势，晚上抱着甘后玩着玉人。但此时的蜀先主刘备还面临着魏、吴两个强敌的威胁，有人就向刘备进言："过去有子罕不以玉为宝，春秋时人们都赞美他。今魏、吴未灭，怎能整天沉浸在娇娃美色之中。"刘备认识到自己的错误，撤去了玉人。后来人们称赞刘备贤能，说他善于纳谏。

有诗描述此事：
月下轻抚六幅裙，珠帘掩映似湘君，
偏令惹起宫娥妒，玉质柔肌两不分。

百美图

## 始掠秋蝉鬓

莫琼树,是魏文帝的宫妃。她与薛夜来、田尚衣、段巧笑同样美艳绝伦,名噪一时。莫琼树之所以受宠,她的美貌秀丽是其根本,但在梳妆打扮上却有非凡的功夫,无人可以比拟。她有一双巧手,会梳理一种如蝉翼一样的发型,远远望去,黑发缥缈,如丝如缎,如仙女下凡,让人遐想无限。魏文帝特别喜欢莫琼树的发式,因此宠爱有加,视若掌上明珠。这样,薛夜来、田尚衣、段巧笑三人非常嫉妒,想联合起来戏弄她。一次,魏文帝早朝之后,准备邀莫琼树同去游玩,三人得知后,忙到莫琼树房中,见莫琼树正在精心打扮,三人假装帮她妆扮,趁她不注意时给她头发上抹了香油,当时已值盛夏,魏文帝携着莫琼树的手,一边赏花一边漫步向御花园走去。这时成群的苍蝇、蚊子嗡嗡相随,魏文帝正在诧异,发现莫琼树的头发上落满了苍蝇和蚊子。魏文帝查明真相后大怒,罚薛夜来等三人跪地一天,不得吃饭。从此以后,莫琼树更是春风得意,头发梳妆得更漂亮了。

后人有诗为证:
绿满鬟云拥作堆,晨妆顾影自徘徊。
姘人最是秋蝉鬓,欲逞丰姿塞夜来。

百美图

## 新裁雪叠綦

张丽嫔，名叫张阿元，是元顺帝最宠爱的妃嫔，聪明漂亮，心灵手巧，会缝衣刺绣，凡经她手所作的衣物，都十分精致新颖，像工艺品一样。后宫嫔妃无不羡慕，元顺帝也因此对她宠爱有加。张阿元亲手为元顺帝缝制了一套豪华精美服饰，用各种不同颜色的丝绢绣制了一件龙袍，做了一双千层靴，顺帝穿着张阿元亲手缝制的龙袍、靴子，受到了大臣、嫔妃的一致赞羡，元顺帝龙颜大悦，得意非凡。

元顺帝很珍惜这身衣服，专门修了一座宝光楼来存放它，每当祭神拜祖或有喜庆大典时，顺帝才穿这件龙袍。他自豪地对后宫嫔妃说，每当我穿上张阿元缝制的龙袍，就会将所有的烦杂事务抛到九霄云外，像神仙一样逍遥自在。从此，顺帝和张阿元共住宝光楼，天天宴席，夜夜欢歌，过着无忧无虑的日子。

有诗为证：

神针新制翠云裘，五色纤丝着指柔。
看罢天魔三十六，尚衣擎入宝光楼。

百美图

## 胜兰吹气馥

丽娟,是汉武帝所宠幸的宫人。在她还只有十四岁时,武帝就非常宠爱她。武帝怜香惜玉,生怕那轻轻的丝衣会磨伤她娇嫩光滑的肌肤,用手轻抚都怕留下痕迹。丽娟深知武帝的宠爱,经常在武帝面前撒娇。她和着李延年的音乐,唱着柔美的歌曲,为武帝翩翩起舞,纷纷落下的花瓣,为她伴舞,武帝爱她爱得如痴如醉。

武帝为她制作了透明的宝帐,怕尘埃弄脏她的玉体,并用衣带系着她的衣裙,怕她像仙女一样随风而去,丽娟给自己的衣裙角挂缀着琥珀佩,略移细小的步子,就会发出一种悦耳动听的声音,宫里人都以为是她的身体发出的响声,把她当成了仙子,一时传得神乎其神。

后来有人写诗赞咏道:
柔肌若不胜衣裳,舞怯东风上下狂;
偶向芝生歌一曲,纷纷庭树落红芳。

**百美图**

34

# 洒竹泪纹滋

娥皇和女英是中国历史上最早的美女。她们二人都是唐尧的掌上明珠，同时嫁给舜为妻室。在舜尚未即位以前，她们经常和舜一起出外耕田狩猎，陪伴左右。后来舜当了皇帝，娥皇被立为皇后，女英作了妃子，二人以姐妹相称，从不争风吃醋，一心一意侍奉着舜帝。

娥皇和女英很佩服舜帝的为人，认为他光明磊落，心胸坦荡，任人唯贤。舜帝也非常宠爱蛾皇和女英。

当舜帝去南方巡猎不幸死在苍梧的噩耗传来时，娥皇和女英悲痛欲绝，哭得昏天暗地，泪珠像断了线的泉水，洒遍湘山的竹子，在竹竿上凝固成许多斑点。人们都说，这是娥皇和女英的心在流血，这些竹上的斑点记载着她们对舜帝的思念和爱恋。直到今天，人们一直称湘山上带斑点的竹为湘妃竹，以寄相思。

后人有诗赞咏道：
长恨苍梧去不返，二妃遗迹在湘山；
此君哪解相思苦，传染于今有泪斑。

百美图

## 缠足昭蟾影

窅娘是李后主的宫嫔,不但人长得艳丽,而且擅长唱歌跳舞。她那修长的身材及飘逸的长发,跳起舞来煞是好看。后主十分宠爱她,为她制作了一个高有六尺多的昂贵金莲,用珍奇的珠宝和各种色彩的丝织锦缎,把金莲装饰得漂亮华贵。在金莲的上边还设计了一种漂浮的云彩,给人如梦如幻的感觉。后主让窅娘用丝绸把三寸金莲的小脚缠成像弯弯的月亮一样形状,给小巧的脚上穿着纯色的袜子,让窅娘轻盈的身姿在莲花上曼舞。光滑娇美的瓜子脸,飘逸的长发,洁白的丝裙,站在金莲上如弯月的小脚、飘浮的云彩……这一切衬托得窅娘恍若凌云欲飞的仙子,又好像仙女下凡。后主观赏着这一切,宛若置身仙境。后主为了赏心悦目,不惜耗费巨资,为窅娘建造豪华的宫殿,过着醉生梦死的生活。唐缟的诗句"莲中花更好,云里月长新",就是为此而作。

后人有诗描述道:
轻缠素练透红裙,新月纤纤望不分。
别后罗衾谁共煖,风前垂涕向南云。

**百美图**

38

## 回身省鹤仪

凝香儿是元顺帝时的宫女,天资聪颖,才貌双全,又通音律,在入宫很短的时间里被提为才人,深受宠爱。凝香儿不但人长得如花似玉,而且舞姿还特别优美。每当她翩翩起舞时,就像天仙下凡,柔若无骨,令人眼花缭乱,赞叹不已。元顺帝特别喜欢凝香儿的舞姿,整天设宴备酒,让凝香儿轻歌曼舞,环绕在他的身边。他称凝香儿的舞为"翻冠飞履"之舞,因为在跳舞之时,凝香儿周身柔软,头上的花冠和脚下的锦鞋像在云中飞舞,令人目不暇接,舞姿优美流畅,所以称之为"翻冠飞履"。

一天,元顺帝在"天香亭"饮酒赏月,唤凝香儿侍酒唱歌,动情时,凝香儿又翩翩起舞,仿佛鸾鸟,好似天鹅,元顺帝高兴得抚掌开怀,忙援引凝香儿于怀中,疼爱不已,他吻着凝香儿的脸颊柔声道:"我现在才相信古人所说的'霓裳羽衣'这句话是真的了。"

古人有诗赞咏:
天香亭畔舞翻冠,博得君王带笑看;
莫举汉家飞燕比,昂首还作九霄鸾。

百美图

## 斛珠空慰念

　　梅妃，原姓江，擅长诗赋文章。曾给父亲夸下海口，要凭借文章在女流之辈中骄矜天下。随着年龄的增长，不但文章写得好，相貌也很出众。高力士发现后，把梅妃推荐给唐玄宗。唐玄宗很欣赏她。因她喜欢梅花，故赐名"梅妃"。

　　当时天下太平，唐玄宗整天陪伴着梅妃，梅妃写诗、作画、吹玉笛，受宠一身。然而好景不长，杨贵妃入宫后渐渐得宠，并恃宠撒娇，排挤梅妃，梅妃不得不搬到上阳宫。

　　尽管杨贵妃百般阻拦，但唐玄宗还是常常思念梅妃。一次唐玄宗密召梅妃到翠华西阁重温旧情，谁料杨贵妃得知后醋意大发，追到翠华西阁大闹一场，不容唐玄宗分辨，便摔门而去。

　　后来安史之乱，杨贵妃死在马嵬驿。唐玄宗归来四处寻找梅妃的下落，只找到了梅妃的尸首，唐玄宗悲痛不已。

　　后人有诗赞咏道：
　　月底梅花性所耽，逢迎懒似欲眠蚕；
　　上阳宫禁春深后，辞却珍珠诵"二南"。

百美图

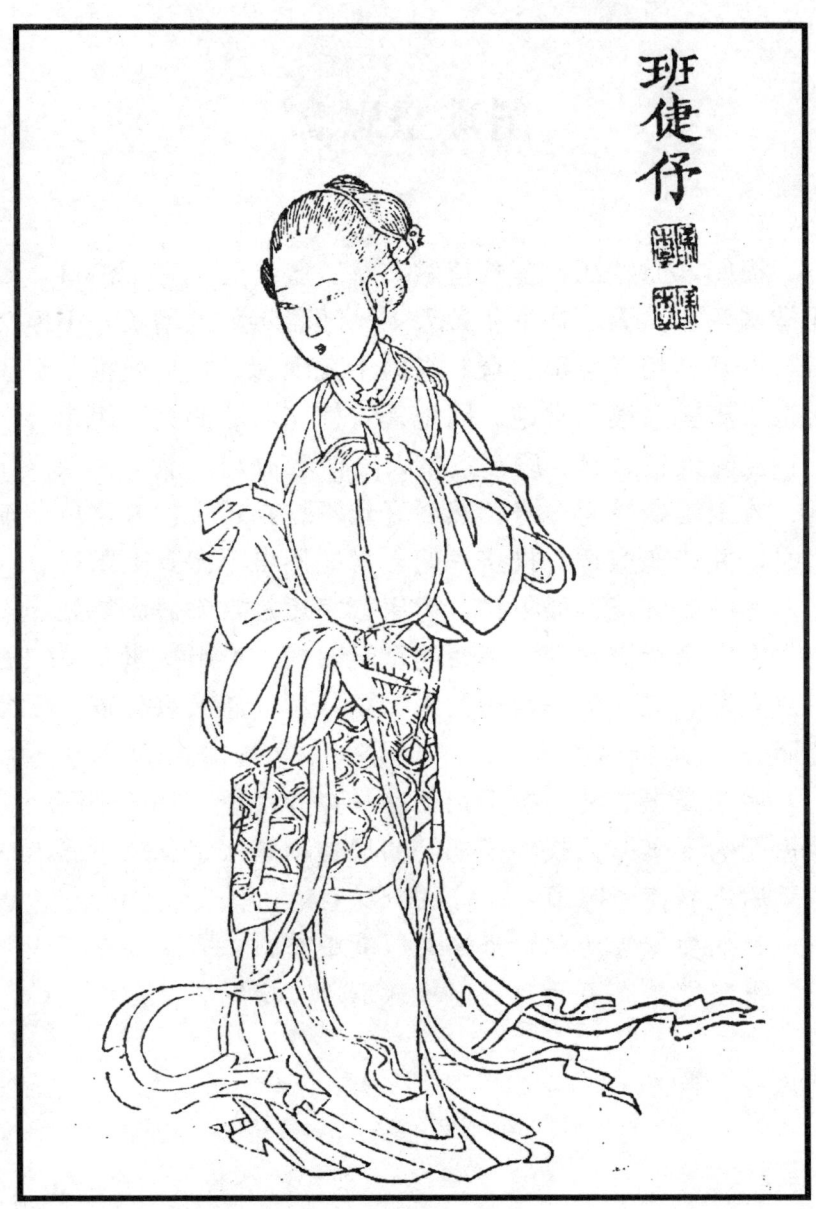

## 纨扇表幽思

班婕妤，汉成帝时的妃子，年轻美貌，心底善良，博学识广。刚入宫时，被立为少使，不久就深受成帝宠爱，册立为婕妤，居住增成宫。有一次，汉成帝想要班婕妤同车出外游玩，班婕妤不肯，她说："纵观古代贤圣的君主，他们出入只有名臣陪伴；只有昏君才有嫔妃奸臣常伴身旁。"成帝觉得此话有理，并告知太后，太后高兴地说："古有樊姬，今有班婕妤。"

后来飞燕、合德姐妹入宫，争宠于汉成帝，谗言毁伤班婕妤，汉成帝考问了班婕妤，尽管获赦，但她看到后宫倾轧，人言可畏，于是请求去长信宫侍奉太后。在长信宫里，班婕妤闲来以诗寄情，聊以安慰。汉成帝死时，班婕妤陪奉园陵。

后人有诗赞咏道：

黄口风波势路难，熟怜清洁比齐纨；
自从一别增成舍，弃置空警秋节寒。

百美图

## 丽句传笺彩

袁大舍，是陈后主的宫妃，不但人长得妖艳美丽，而且通晓音律诗赋。陈后主是一个风流浪漫的君主，他不但喜欢袁大舍的美丽高雅，更喜欢她的才华与聪慧。他常常和袁大舍相偎相依、饮着美酒，听着柔情的乐曲，一切都在不言中，十分默契。

陈后主经常宴请文人墨客，便命袁大舍等一帮女才子即席应对，酬唱作答，赋诗作曲，如果作出了优雅艳丽的词句，即配以新曲，让成千上万的宫妃纵情歌唱。袁大舍在后宫中既有闭月羞花之貌，又有惊世脱俗之才，可谓鹤立鸡群，令人赞美。据说，陈后主的《玉树后庭花》、《临春乐》等的成词，均得力于袁大舍等扫眉才子。

后人有诗赞云：
狎客同时擘彩笺，新诗错落满琼筵。
君王不但怜颜色，特敕征歌艳丽篇。

# 百美图

# 美色照汗青

貂蝉，是东汉末年司徒王允的歌女，国色天香，倾国倾城。王允眼看东汉王朝将被董卓篡夺，苦思冥想，想出了连环妙计，除奸定国。王允先把貂蝉暗里许给吕布，再明把貂蝉献给董卓。吕布英雄年少，董卓老奸巨猾。为了拢住吕布，董卓收吕布为义子。二人有一个共同的嗜好，就是耽于女色。从此之后，貂蝉游移于二人之间，送吕布以秋波，报董卓以妩媚；撒吕布以娇羞，投董卓以温柔。把二人撩拨得神魂颠倒、七上八下。

有一次，吕布趁董卓临朝议政之机，飞骑入董府，与貂蝉在凤仪亭内倾诉爱慕。貂蝉泪珠涟涟，要吕布救她出此老贼淫窟，共享月圆。正说话间，董卓回府，发现二人缠绵悱恻，不由大怒，拿起长戟，投杀吕布。幸亏董卓军师李儒及时赶到，劝解了事。又一次，董卓患病，吕布来看。貂蝉在董卓帐帏之后，给吕布暗送秋波，吕布也报之以桃李，二人用目光交流着爱情。董卓回头一看，不禁大怒，再次将吕布赶出府第。后经军师李儒策划，为天下大计，董卓有让貂蝉给吕布之意。怎奈董卓刚提此事，貂蝉就粉脸横泪，酥胸起伏，使董卓打消了这个念头，至此，司徒王允见时机已到，给吕布火上浇油。吕布怒发冲冠，杀了董卓。

后人有诗赞咏貂蝉：
柳梢月下影娉婷，一瓣香心照汗青。
了却三生缘与孽，白门楼与凤仪亭。

百美图

## 环刀归汉帝

孙夫人，孙权的妹妹。貌美多才，喜兵好武。孙权只所以将妹妹嫁给刘备，是因周瑜的计策弄假成真罢了。原先刘备借了孙权的荆州要地，一直未还。周瑜向孙权献计，刘备中年丧妻，将孙权妹妹许给刘备，让他来吴地相亲成婚，之后扣留刘备，要挟他归还荆州，否则遭杀身之祸。刘备依诸葛亮之计，先拜见孙权岳丈乔国老，后拜见孙权母亲，得到二位老人的首肯，于是将这门亲事订了下来，并且在吴地完婚。当晚，大摆筵席之后，刘备准备入洞房。忽然看见灯光下刀枪闪烁，兵器林立。侍婢都佩刀挂剑，立门两旁。刘备正在犹豫，管家婆对刘备说："您不要害怕，夫人从小喜欢玩刀弄枪，常常命令侍婢击剑取乐，所以房中排列着兵器。"刘备说："能不能给夫人说暂且撤去这些侍婢和兵器。"孙夫人听说，笑道："在战场上拼杀了大半生，还害怕兵器。"挥手让撤去兵器。刘备又给其他侍婢分发了许多金钱，以收买人心。从此，刘备和孙夫人幸福美满地生活着。

后人有诗咏道：
深闺女侍尽环刀，恍似军中拥节旄。
白帝兵残甘自决，幽魂应诉蜀江涛。

百美图

# 戎服作阏氏

　　王昭君，汉元帝时的后宫嫔妃，17岁时入宫，文静端庄，温柔多情。汉元帝命令画工将后宫所有嫔妃画成图像，以备召幸。各嫔妃都争向画工献媚贿赂，欲求元帝恩宠。唯独王昭君自恃长得漂亮，没有做任何手脚，所以画工把她画得奇丑无比，一直未被临幸。

　　恰在此时，匈奴单于呼韩邪向汉求亲，汉元帝命令选一名后宫嫔妃，赐给单于呼韩邪。王昭君想着自己在后宫的冷遇，不免悲伤幽怨，于是同意去匈奴。汉元帝召出王昭君后，发现王昭君竟如此美貌，艳丽非凡，整个汉宫嫔妃，比之都为逊色。汉元帝后悔不迭，想要把她留下，又怕失信于匈奴，只得快快地送她出宫。王昭君穿上匈奴服装，怀抱琵琶，骑马出塞而去。临走时她对元帝说："我很庆幸自己被选入后宫，没想到今日要远离家乡。希望您能稍许照顾我的父亲和弟弟。"汉元帝一直思念着王昭君，下令杀了画工毛延寿等人。

　　后人有诗赞咏道：
　　披图竟忍委倾城，戎服轻装万里行。
　　多恐汉宫埋国色，画工误却未知名。

百美图

## 仕宦金吾匹

阴后是光武帝的宠妃，妩媚端庄，温文尔雅。尽管光武帝立了郭后，可心里却总想念着阴妃，并和阴妃有五个儿子，其中大儿子名叫刘阳，光武帝很是疼爱。当光武帝还未定天下时，南征北战，东伐西讨，常常带着阴妃随行，郭后十分嫉妒，耿耿于怀，常在光武帝耳边挑拨是非，但光武帝从不理会，他打心眼里喜欢阴妃的高雅贤慧。他说："仕宦当作执金吾，娶妻当得阴丽华。"

有一次，有人写了一个条子揭露光武时的势家豪强势大难抑，条子上说："颍川弘农可问，河南南阳不可问。"这时光武帝初平天下，想弃武从文，以文治国。他见此条，不明意思。站在他身后年仅12岁的刘阳说："河南帝城，必多近臣，南阳帝乡，必多近亲。田宅逾制，不便细问，故有是言。"光武帝大悟。于是明令纠察，不徇私情。从此更爱刘阳，想立之为太子。怎奈已先立郭后长子为太子，郭后得知光武帝的想法后，更是不平，为了保住地位，她不惜谗言，对阴妃恶语中伤，至此光武帝失望之极，下令免去郭皇后，立阴妃为皇后，身居中宫，以了心愿。

后人有诗赞云：
怜香笑比执金吾，想见花容绝世无；
他日乾元称作配，糟糠遗却郭家妹。

百美图

# 权衡学士诗

上官昭容,唐代著名女诗人。花容月貌、才华横溢,出生在显宦世家,小名婉儿。相传,婉儿母亲怀孕时,梦见一个巨人送她一杆大秤,说:"持此可秤量天下。"求人卜胎,说必生一贵子,掌管大权。分娩时,众人都汇集家中,想一睹贵人。及至呱呱坠地,知道是女婴,众人叹息不已,以为卜者胡言乱语。

后来武则天执掌天下,很欣赏婉儿才华,召她为文笔助手,帮助拟写制命。唐中宗时,上官婉儿很受宠幸,凭着她的容貌和才华,唐中宗很器重她,无论是赐宴赋诗还是君臣唱和,都随身带着她。一次,中宗在昆明池与群臣赋诗,当时昆明池张灯结彩,歌舞升平,一派热闹景象。婉儿身着长裙,粉腮红润,艳妆俏丽,站在昆明池台。婉儿长袖一挥,将群臣交上来的七十余篇佳诗纷纷散落下来,群臣争相抢夺。过了一刻,又有两片诗页缓缓落下,只见上面婉儿评语曰:"二诗功力悉敌。沈佺期诗落句云:'微臣雕朽质,羞睹豫章材',盖词气已竭;宋之问诗云:'不愁明月尽,自有夜珠来,'犹陟健举。"二人及众臣看到婉儿的评语,皆心服口服。唐玄宗发动政变时,婉儿被杀,年仅44岁。

后人有诗赞云:
纷纷纸落满天街,识得诗惟沈宋佳;
若个量才俱有秤,权衡不爽似金钗。

百美图

## 雀屏占妙选

窦毅看着一天天长大的女儿，出落得娇美可爱，楚楚动人，便与老伴商量，这样的宝贝女儿，婚姻大事可要慎重，不能随随便便，一定要找个英俊潇洒、德才兼备的人方可出嫁。到了女儿出嫁的年龄，他们夫妻俩想出了一个办法：在屏风上画了一个孔雀的两只眼睛，若有人能用两箭射中这两只眼睛，便可娶他的女儿为妻。当夫妻二人挂出孔雀屏风时，围观的人很多很多，看着窦毅漂亮的女儿，跃跃欲试的人心情激动，都梦想自己能射中这孔雀双眼。然而无数的人来试身手，却没有一个人射中。大家颇为失望。这时来了一位英武俊美的男子，只见他张弓搭箭，拉弓满圆，嗖嗖两箭，不偏不倚正中孔雀两目，众人齐声欢呼，满场掌声雷动。窦毅抬眼看时，只见射箭人高大威武，气度不凡，非常高兴，就将女儿许配给他，他就是后来的唐高祖李渊，窦毅的女儿就是后来的窦皇后。

后人有诗赞咏道：
精鉴方能识异形，凡愚但解惜娉婷；
大夫射雉成何事，看取人穿孔雀屏。

百美图

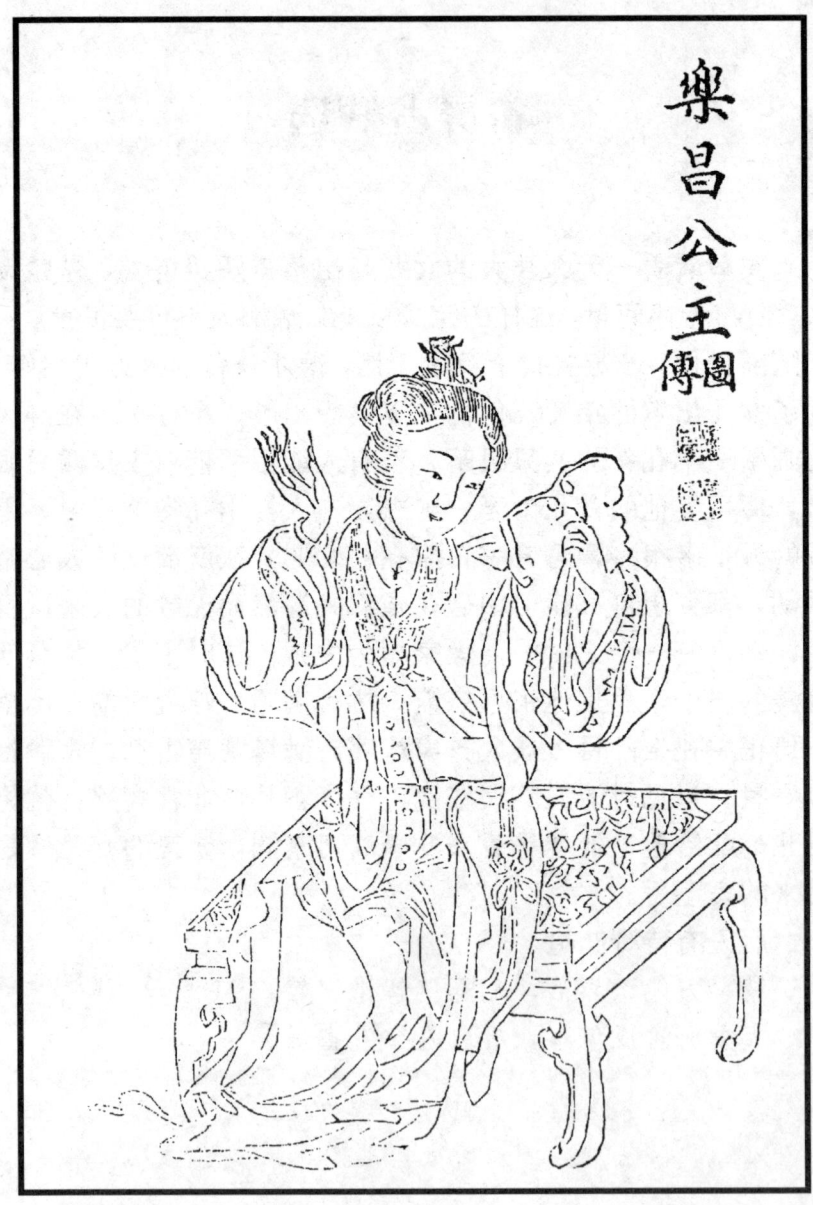

## 鸾镜志临歧

乐昌公主，南朝陈后主的女儿，徐德言的妻子，不但擅长写忧伤哀婉的诗句，还生就一付美女的相貌。当陈后主荒淫无度，不理朝政，南朝陈面临崩溃的时候，驸马徐德言和乐昌公主也惶恐不知归处。徐德言情深意长地对妻子说："凭你的才华和容貌，就是国破家亡，你也会得到有权势的人的保护。这里有面镜子，我们各持一半作为信物，若我们情缘未尽，以后每年的正月十五，咱们就在都城会面。"说完含泪分别。

后来陈被隋灭，乐昌公主果然被越公杨素所宠幸。徐德言在外流离失所，过着饥寒交迫的生活。到了正月十五这天，他奔赴都城，发现有人举着半块镜子大声叫卖，众人都围着取笑他。德言热泪盈眶，把那卖镜人叫到自己住的地方，取出自己珍藏的半块镜相对，刚好吻合，于是在上面题诗道："镜与人俱去，镜归人未归，无复嫦娥影，空留明月辉。"乐昌公主看后，不胜悲泣，茶饭不思，悒郁悲叹。经杨素反复询问，她才说出了原由。杨素忙派人召回徐德言，把乐昌公主还给他，使他们破镜重圆。

后人有诗咏赞道：
临乱何由得自全，临歧握手意凄然；
他时纵得新官力，重会羞月破镜圆。

**百美图**

## 浅浅流霞晕

　　薛夜来原名灵云。生就一副美人相，苗条端庄，玉肌柔嫩，容貌艳丽。父母一直视她为掌上明珠，以她为骄傲。常山郡王为了讨好魏文帝，不惜重金把她买来，进献给魏文帝。灵云看着远去的家乡和父母，一路泪如雨下，哀惋不止。到了京城，滴在玉壶里的泪珠凝固如血。

　　当魏文帝听说常山郡王给他献来了天下第一美女时，兴奋不已，立即命文车十乘前去迎接。文车所到之处，烛光相继不绝，因此为灵云改名叫"夜来"。初进帝宫，夜来看到奢华的宫廷，宛若仙境，既新奇又胆怯。魏文帝在灯下坐着，隔着水晶七尺屏欣赏着她的美态。夜来羞窘不已，不小心碰在水晶屏上，鬓颊飞起红霞，好像早霞将散，更增添了几分娇艳与妩媚，魏文帝更是宠爱非常。后宫嫔妃看到夜来很受宠，于是争相仿效，用浓艳的胭脂画"早霞妆"，"早霞妆"从此风靡一时。

　　后人有诗赞咏道：
文车遥驾泽新承，高烛香尘彻夜腾；
犹有别亲无限恨，盈盈血泪玉壶凝。

百美图

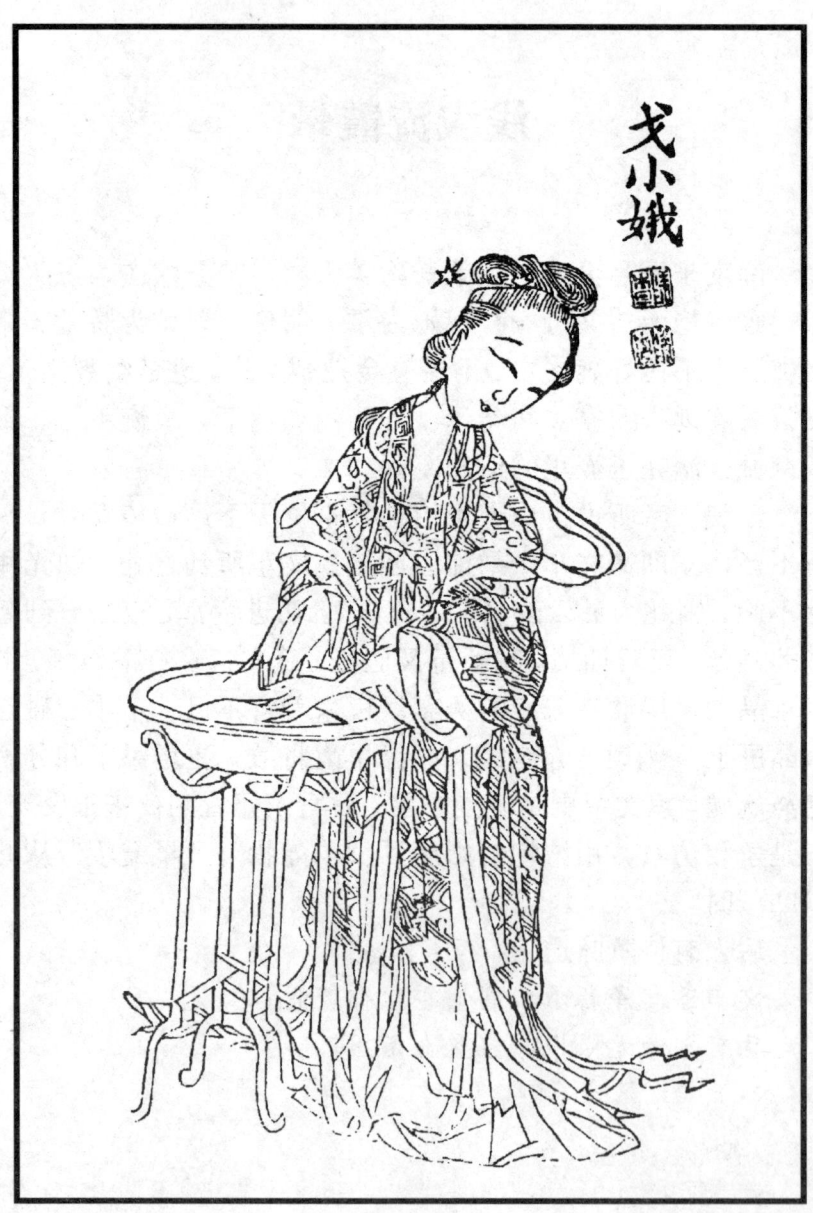

## 夭夭浥露枝

戈小娥，是元顺帝的姬妾。端庄温柔，娴淑可人。元顺帝总是喜欢戈小娥依偎在他身旁，并不断地抚摸着戈小娥那丝缎般光洁滑亮的皮肤。戈小娥的皮肤粉嫩细白，微微透红，娇翠欲滴。特别是在沐浴之后，其艳丽娇美如桃花含露，让人看后爱恋不已，春心萌动。每当此时，元顺帝便爱她爱得发狂，简直不知如何宠她才好。元顺帝为她起了个"夭桃女"的爱称，意即"小桃花"，比喻她像初开的桃花，艳丽无比，惹人喜爱。元顺帝整日与她形影不离，后宫众多嫔妃，在他眼中全都黯然失色。他的眼中只有戈小娥的身影，她的笑，她的娇，她的痴，她的恼，无不惹人陶醉。除了"夭桃女"这个爱称外，他还喜欢称戈小娥为"骞桃夫人"，来表达他对戈小娥的深深爱意。

后人有诗咏赞：
嫩白轻红巧弄姿，舞衫摇曳步迟迟；
桃花曾作夫人号，输与婷婷浥露枝。

百美图

# 一声河满唱

孟才人，是唐武宗的嫔妃。不但面容姣好，而且身材十分娇美，弹一手漂亮悦耳的笙歌。每当武宗有什么心思的时候，她都能用不同情调的笙歌旋律，表达出自己和武宗的感情是相通的。正因为如此，孟才人深受宠幸。武宗很信任孟才人，当他病重知道自己将不久于人世时，想到人情险恶的后宫，不由得为孟才人的以后担忧。他握着孟才人的手伤感地说："我死了以后你怎么办呢？"孟才人看着武宗，回想着自己和武宗度过的美好时光，想到惟一懂得她弹笙歌的人就要走了，自己活着还有什么意思。于是她指着笙囊流着泪对武宗说："请赐我用笙弦自尽陪殉。"武宗感动得热泪盈眶。孟才人接着又说："我曾经以唱歌为生。今天我愿为您奉献最后一支歌，以寄托我的情感。"孟才人说完，含着泪充满感情地唱了一曲《河满子》。说也奇怪，当她刚唱完这首歌时就气绝身死了。武宗急呼御医检查，尽管玉体尚温热，但已停止了呼吸。唐代诗人张祐有诗赞云："故国三千里，深宫十二年；一声《河满子》，双泪落君前。自倚能歌日，先皇掌上怜。新声何处唱，肠断李延年。"

后人有诗专咏此事：
胸中节义久分明，已指笙囊托死生；
欲向床前歌一曲，翻成三字断肠声。

百美图

# 百绝禁闱诗

　　花蕊夫人,是五代时蜀后主孟昶所宠爱的妃子。只所以叫花蕊夫人,是比喻她的娇嫩艳美如鲜花的花蕊。她和后主孟昶经常一起吟咏诗词乐赋,抒景传情,相亲相爱。

　　后来宋太祖带兵南下,灭了后蜀。宋太祖早已听说花蕊夫人的美貌和才华,下令不许伤害她,并把她押往开封后宫。途经葭萌时,她写下了感人肺腑的诗句:"初离蜀道心将碎,离恨绵绵春日如年,马上时时闻杜鹃。"表达了自己难忘旧情的情怀。到了开封,宋太祖很宠幸她,常要她为自己吟诗作乐。可她心里一直惦念着孟昶,仿佛每唱的一首歌、每吟的一首诗,都含有对孟昶的追忆,她郁郁寡欢,难断情丝,便暗暗地雕画出孟昶的画像,编造说这是个神祖,整日默默祈祷,以寄哀思。一天,宋太祖看见她正在祈祷,便问她原由,她便说这是位姓张的神仙,祭祀他便会多福多子。宋太祖信以为真,从此,祭祀张神仙就一直流传下来。

　　后来有诗赞咏道:
　　锦江驿路恨绵绵,泪血频闻泣杜鹃。
　　无限深情人不识,金炉膜拜记张仙。

百美图

## 乍望神先沮

邢夫人是汉武帝又一个宠爱的美人。有着沉鱼落雁、闭月羞花的容貌。汉武帝把她宠作专房，不允许别人看见，更不要他以前宠幸的尹夫人看见。汉武帝整日陪邢夫人，游乐玩耍，乐不可支。一天，尹夫人幽怨地请求皇上，她想见见邢夫人，看看新人到底有多美。汉武帝沉思良久，点头应允。汉武帝令其他宫女几十人，分别扮作邢夫人，一一去见尹夫人。尹夫人只是摇头说，这些都不是邢夫人。汉武帝惊讶地问："你怎么知道她们不是呢？"尹夫人深知武帝不愿伤她的心，平静地说："看她们的身材相貌，是不能够充当人主的。"武帝见说，就让邢夫人穿着很普通的衣服，前来拜见尹夫人。尹夫人看到邢夫人非凡的气质、长相，再朴素的衣服也掩盖不了她娇艳的丽质，于是低头微泣，自愧不如。

后人有诗赞咏道：
晓妆临镜觉娉婷，彼此争妍列掖庭；
谁道敝衣初见侯，怆然自痛不如邢。

**百美图**

# 无言自强持

息夫人是春秋时代息侯的夫人，姓妫，也称作息妫。息夫人美艳绝伦，且深爱息侯，二人一直恩爱相处，不可须臾分离。当楚文王率领大军攻破了息国之后，也抢走了美丽的息妫。楚文王命息侯为自己守候着楚国城门，强迫息夫人与自己成婚。

息夫人迫不得已，嫁给了楚文王，并且生下了两个孩子，即堵敖和成王。然而，息夫人尽管被楚文王霸占了身体，可她心里一直想着丈夫息侯。在为楚文王生下两个孩子的三年间，她没有和楚国王宫里任何人说过一句话。楚文王很爱息夫人，就是不明白她为什么不说话。无论他怎样讨好，息夫人总是缄口不言。三年之后，在楚文王的逼问下，息夫人冰冷地说："吾一妇人，而事二夫，纵弗能死，其又奚言？"楚文王明白了自己永远得不到她的芳心。

有一天，楚文王出宫游玩，息夫人趁机溜出后宫，来到城门下会见丈夫息侯，二人相见，抱头痛苦，互诉相思之情。之后息夫人说："人生总有一死，今日不能与你相爱，不如死后和你在地下相会！"说完此话，息夫人便含泪自尽。息侯看着倒在血泊中的妻子，痛不欲生，当天也自杀身亡了。

后人有诗赞咏道：
无言桃李自成溪，暂借夫人作品题；
息国轻烟犹袅袅，楚国冷露总凄凄。

百美图

## 妖娆三少貌

夏姬，春秋时郑穆公的女儿，艳美绝伦，风流多情。最初嫁给陈国大夫御叔时就不安分。她善于言辞，长于煽情，先后和陈灵公、孔宁仪行父私通。只要她的媚眼一抛，王公大臣和风流男子都会拜倒在她的石榴裙下。当她还与御叔是夫妻时，生下了一个儿子夏征舒。儿子看不惯母亲的这种淫荡行为，一气之下杀了夏姬的情人陈灵公。后来楚国攻打陈国，陈国为了修好于楚国，就把夏姬这个美人送给了连尹襄老；襄老死后，夏姬又回到郑国。但是貌美的女人总是男人的向往。过了不久，楚申公又从郑国把她聘了回来娶为妻子，投奔晋国。总之，夏姬以美色三次成为王后，七次成为夫人。真是风流一时，潇洒一世。

后人有诗赞云：
三少休惊秘独传，此身不死亦关天；
倾人家国浑闲事，祸害频仍数十年。

百美图

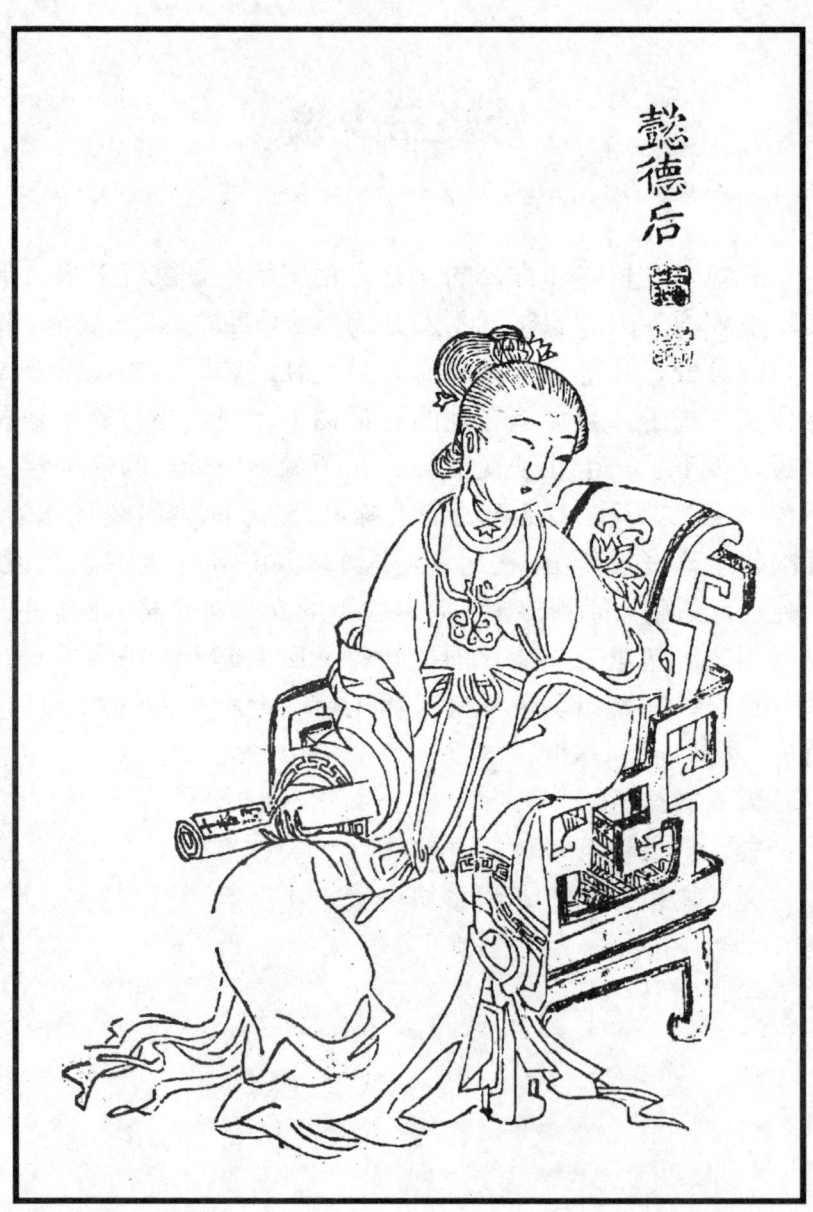

# 愧悔十香词

懿德后即辽萧懿德皇后,聪明贤慧,温柔漂亮,擅长写诗作词。据说她出生时,母亲梦见太阳被天狗所食。她父亲断言,此女必大富大贵然不可善终。后来被辽皇帝纳为后妃,册封为皇后。皇帝对她深加宠爱,除了陪她就是狩猎。她担心皇帝狩猎出意外,便写下了柔肠寸断的长词《回心院》,以劝谏皇帝。

懿德后在宫中常和伶官赵惟一弹奏筝和琵琶,宫内有一女婢单登,因嫉妒赵惟一,被萧懿德皇后赶出皇宫,一直怀恨在心。她四处挑拨,搬弄事非,说皇后和赵惟一私通。此消息传到乙辛耳里,乙辛想置皇后于死地,便命人作了《十香淫词》,并叫单登去求皇后手书。尽管当时单登不在皇后身旁,但还是经常出入皇宫。皇后不知是计,见单登来求,便亲手抄了《十香淫词》,并在末尾还抄写上自己的怀古诗一首:"宫中只数赵家败,败两飞云误汉王,惟有知情一片月,曾窥飞鸟入昭门。"乙辛将此事上奏皇上,并拿出诬证,指出怀古诗中有"赵惟一"三字。皇上一看大怒,无论皇后怎样辨解,皇上终归不信,下令杀了赵惟一,赐皇后自缢身亡。

后人有诗专道此事:
残云自鄙赵家妆,却读清词爱《十香》;
谁让谀言称二绝,祸机从此已包藏。

百美图

## 仓猝游畋异

冯小怜，北齐后主穆后的侍从小婢。聪慧美丽、风姿绰约。当穆后感到渐渐失宠于齐后主时，为了巩固自己的地位，便有心将秀美雅丽的冯小怜进献给齐后主。五月五日这天，穆后将冯小怜梳妆打扮之后引入皇宫，齐后主见到冯小怜，大吃一惊，没想到世上竟有如此美丽的女子，非常高兴，立刻纳之为妃，并对穆后的通情达理、善解人意深加赞赏。齐后主和冯小怜相处不久，更加领略了这位美人的万般风情，她不仅歌声如莺，而且会弹琵琶，曲调悠扬，如泣如诉，声声扣动着齐后主的心弦。齐后主如获至宝，先立她为淑妃，继立为左皇后，出双入对，宠之专房。

正当此时，北周出兵攻打北齐平阳。齐后主和冯小怜在外狩猎，将士报急，齐后主本想出兵防守，冯小怜撒娇嗔怪，后主怕冯小怜扫兴，就答应她继续围猎。结果延误了时机，北周攻入北齐都城。冯小怜看到城陷，投井自尽，被人救出。周武帝将冯小怜赏赐给代王达，冯小怜回想着昨日风光，不禁怅然吟唱："虽蒙今日宠，犹忆昔日怜，欲知心断绝，应看胶上弦……。"唱到此，琵琶弦断，泣不成声。

后人有诗赞咏道：
一曲琵琶夜未眠，周师振旅已阗阗。
晋阳陷后归何处，空想鸾胶续断弦。

百美图

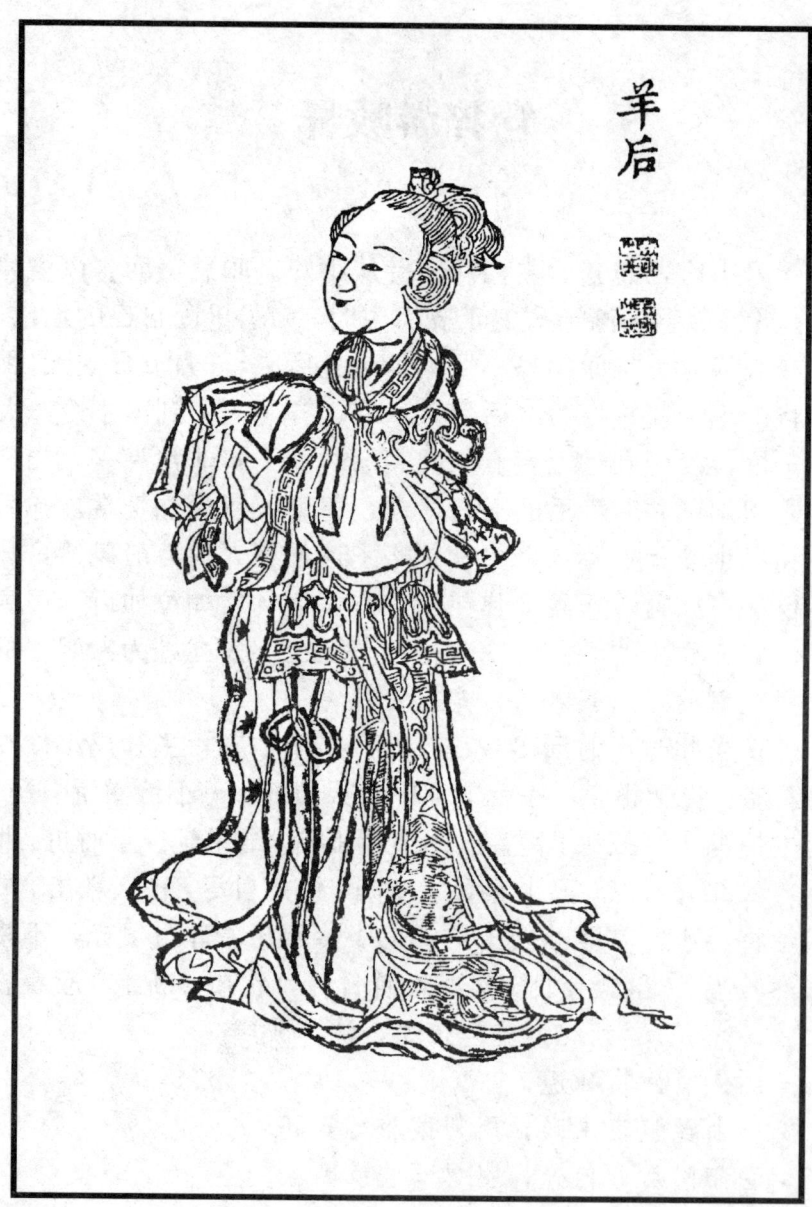

## 频仍废立奇

羊后,是晋惠帝皇后,风流多情,娇艳柔媚,深得晋惠帝宠爱。然而惠帝昏慵无能,导致皇后贾氏专权,羊皇后多次被皇宫大臣废立,所以心里很是不满,整日忍气吞声,忧郁寡欢。后来刘聪攻陷洛阳,掠得羊后,他被羊后的美貌飘逸深深打动,不舍得杀她,决定留给自己。不久刘聪病逝,刘曜称帝,他想得到羊后,就试探地问道:"我和你原来的丈夫惠帝相比,你更爱谁呢?"羊后见问,抬起脸,闪动着一双亮而有神的大眼回答说:"陛下您是开基的英明皇帝,他是亡国的匹夫,他怎样和您相提并论呢。在以前,他本是尊贵的皇帝,却连自己、妻子和儿子都保护不了,令我痛不欲生。我失望地想,世上的男子也不过如此罢了。自从侍奉您以来,我才知道天下有真正的大丈夫了。"刘曜听了羊后的话,感慨万分,他将羊后紧紧地揽在怀里,千般安慰,万般爱抚。并下诏,立羊后为皇后,宠爱不移。羊后感激不已,誓以生命报答。

后人有诗专道此事:
阴教难垂一代谟,椒房废立在斯须。
伤心巾帼从人奉,犹说今知有丈夫。

**百美图**

# 凤来良有以

赵飞燕原姓冯,因父亲与赵曼妻子私通,生下了两个女儿,一个叫宜主,一个叫合德,故只能称作姓赵。宜主和合德都很聪明漂亮,并且身体自含芳香,体态轻盈,翩然若飞,所以人们称宜主为飞燕,后来赵曼和飞燕的父亲相继去世,飞燕和妹妹流离失所。

由于飞燕妩媚漂亮,艳名很快传入皇宫,汉成帝召之入宫。然而汉成帝年事已高,很难撩拨少女芳情,临幸三晚,都未能如愿。其他宫女问成帝,对美女飞燕有何感想,成帝说:"丰满温柔,柔软宛若无骨。"从此飞燕更得成帝宠幸。然而不幸的是,飞燕一直不能怀孕生子。她想尽了一切办法终不能如愿,她遍求方士,与侍俾私通,几乎达到了淫乱的顶峰。她的妹妹合德不久也进了后宫,并很快得到宠幸。但无论是成帝还是合德,都很怕飞燕的妒嫉,所以事事都让着飞燕。飞燕立为皇后,合德封为昭仪,但她们姐妹为争一个家奴而闹得不亦乐乎,一时间宫内乌烟瘴气,淫荡不堪。后来汉成帝竟被大量"春药"所浸,流精不止而死。

后人有诗专道此事:
堪笑残云误汉家,偏多异质使人夸;
轻肌能作掌中舞,绀袖常凝石上花。

百美图

# 狐媚亦奚为

武则天是唐太宗时被纳入宫的。太宗见武则天长得粉面桃花，体态丰腴，妩媚之中透着一股灵气，不禁龙颜大悦，赐号"武媚"。武则天心中暗喜，她想起袁天纲给她算的命："长得龙睛凤颈，实是贵人之相。若是女身，更贵不可言，恐有做天下之主的机缘。"武则天觉得她的机遇来了。

武则天刚做了太宗的才人，不久太宗就驾崩了，入宫十二年的她被削发为尼。早在太宗病重时，太子李治入宫侍看父亲，便被武则天的美貌与才智所迷惑，李治即位后，一直惦念着武则天，二人相见，泪如泉涌。这时，唐王宫正发生着一场争宠风波。王皇后与萧淑妃因争宠而无计可施，王皇后为讨高宗欢心，怂恿高宗将武则天接回宫中。武则天对王皇后卑躬屈膝，极力讨好，很快便被封为昭仪。然而武则天的目的是扳倒王皇后，入主中宫，于是她扼死了自己的亲生女儿陷害王皇后，并极尽谗言，使高宗下决心废王皇后而立武则天。

废立之事很不容易，首先遭到长孙无忌和褚遂良的反对。武则天怒不可遏，她利用各种手段，想尽千方百计，终于铲除了一个个障碍，当上了武皇后，并参与朝政，与高宗并称"二圣"。后来她临朝称制，废睿宗，自称神圣皇帝，改国号为周。

后人有诗赞云：
已作才人十二年，公然翚翟嗣君前；
闯开阴教当阳主，妄比神尧号则天。

百美图

# 倩盼终应悼

庄姜，春秋时卫庄公的妻子，出生于齐，被卫庄公迎娶为妻。面容姣美，风流多情。在刚被娶回卫国时，风流轻浮，不守本分。加之她又不能生育，一直像未嫁前那样青春貌美，活泼开朗，在宫中惹出许多绯闻。为此，家人国人都十分担忧，身为国母的庄姜会不会成为淫乱后宫、败坏国风的祸水？随着年龄的渐长，经过长辈们的劝说，庄姜渐渐稳重端庄，处处以皇后的标准要求自己，成为一个聪彗娴淑的皇后。

但因庄姜不能生育，卫庄公又从陈国娶了一个妻子。庄姜总因不能生育而觉理亏，对卫庄公听之任之，卫庄公更加肆无忌惮，胡作非为，他和宠妾整日形影不离，如胶似漆，对庄姜不闻不问，形同陌路。庄姜虽郁郁寡欢，但她总以贤慧和诚心待人，声誉极佳，得到全国上下的齐声拥护。

有诗专赞庄姜：
自古红颜薄命同，心伤谑浪咏终风。
硕人描尽齐姜色，欲拟殊尤愧未工。

百美图

86

## 温柔讵可怡

合德,是飞燕的妹妹,和飞燕一样,当失去父亲时,二人过着流浪的生活。后来因飞燕受宠而进宫。合德肌肤滑润,入浴而身不湿。当汉成帝召她进宫时,她说:"不是我的姐姐召,我不敢进宫。"当汉成帝要临幸她时,她说:"若姐姐不允许,我不敢从命。"

成帝被合德的美貌与温柔深深吸引,几乎夜不能寐。为了得到合德,成帝不得不把已封为皇后且妒嫉心极强的飞燕迁居"远条馆",由于飞燕不生孩子,为了保住她的地位,就同意让成帝临幸合德。那天晚上,合德以一种神奇的魅力折服了成帝,成帝无限神往地说:"她真是一个温柔乡,我将老死在此乡。"不久,即封合德为赵婕妤,大为宠幸。这样飞燕醋波大兴。有一次姐妹二人坐在一起聊天,飞燕随口一唾,唾在合德的衣袖上,合德明白,这是姐姐在向她寻事挑衅。她不敢发作,笑脸相迎道:"姐姐您的唾液染在我深红色的衣袖上,好像石上的一朵花,堪称石华广袖。"飞燕看着自己一天天被冷落,于是和家奴寻欢作乐。合德则牢牢抓住汉成帝,每次宫帏作乐,她在用美色引诱的同时,给成帝服以"春药",以调春情。这样汉宫因她们姐妹而荒淫不堪。

后人有诗赞云:
纤纤媚骨自生香,谁谓温柔不断肠;
拼得情丸消受老,合欢枕上便为乡。

百美图

## 同心惭赐结

宣华夫人，是陈宣帝的女儿，不但聪明贤慧，而且相貌妩媚，楚楚动人。当隋灭陈后，隋文帝被陈宣帝女儿的美貌所打动，没有舍得杀她，把她收入隋宫，成为宠妃，称为宣华夫人。隋文帝很宠爱宣华夫人，常让她侍立左右。当隋文帝身患重病时，宣华夫人一直在身边侍奉，夜以继日。太子杨广早被宣华夫人的姣美丽质打动，在侍看父亲时，常呆呆地看着宣华夫人出神。看着她美丽多情的双眼，丰满苗条的身材，他都无限神往。一次，杨广趁着宣华夫人出宫更换衣服时，上前一把抱住她柔软的身体，被宣华夫人羞恼地推开。回到宫中，隋文帝在病床上看着宣华夫人神色有异，便问她发生了什么事情。当宣华夫人告知原委后，隋文帝大怒道："这样不守天伦的逆子，怎能将国家大事托付于他！"

不久，隋文帝病逝，杨广继承皇位，称隋炀帝。隋炀帝派人送给宣华夫人密封的金合子，宣华夫人惶恐不安，以为是太子送来毒药赐死，拆开看时，却是"同心结'宣华夫人疑虑未定，不肯致谢。宫里其他侍俾逼迫她拜谢受礼。从此宣华夫人又受隋炀帝宠幸。

后人有诗专道此事：
宣华宠赐受恩深，长恨君王变异侵。
太子垂裳登紫极，如何金合赐同心。

百美图

## 面首笑充帷

山阴公主，是金废帝的妹妹。妩媚漂亮，艳丽而又放荡。她心里一直喜欢体魄雄伟，英才大略的褚渊，很想和他私通。尽管她有驸马，可她根本不在乎驸马的感情，整天在皇宫里翘首弄姿，特别是对褚渊，秋波暗传，媚眼横飞。然而褚渊一直认为她贵为公主，不愿与她亲近。

公主见得不到褚渊，便心生一计。因为金废帝很宠爱这个妹妹，几乎每件事都答应她。这天，金废帝和公主坐在车上，公主说："我和你都是先帝的后裔，你有后宫数以万计，而我却只有驸马一人，太不公平了。"金废帝听后，笑着看看妹妹，竟然答应给她安置三十多个面首，其中包括褚渊在内。从此以后，公主在宫中见到褚渊，便设法要和他缠绵，而褚渊却没有拒绝的理由，但总是避而就远，绕道而行。有一天，公主挡住褚渊，讽刺他说："你长得如此雄壮，怎么没有一点丈夫气概？"褚渊双目炯炯，不卑不亢地说："渊虽不才，却不愿开这个淫乱的先例。"公主无奈，只得悻悻离开。

后人有诗专道此事：
托体先皇太不同，礼仪应怪出周公；
居然面首蒙恩赐，也作山阴三十宫。

**百美图**

## 漫举烽烟戏

褒姒，周幽王的宠妃。褒国人，姓姒，非常妖艳，被称为绝代佳人。周幽王时，褒国把褒姒进献给周。当周幽王看到天下竟有这样漂亮的美人时，心旌荡漾，爱恋不已。周幽王任由褒姒的性子，随心所欲。褒姒有喜听撕裂绢丝织物的癖好，他就派专人为她撕裂绢帛，以悦其耳。

褒姒自进宫后，总是幽情深深，忧郁寡欢，从未喜笑颜开。周幽王听说，褒姒笑颜逐开的时候，更加娇美无比，金壁生辉。于是他苦思冥想，要得褒姒一笑。周和各诸侯国原来有约，若有敌人进攻，周点燃烽火台，诸侯国就发兵来援。这天，周幽王差人点燃所有烽火台，他带褒姒在城墙上观看，熊熊的烽火，召来了各诸侯国的千军万马一齐救援，当飞驰到周城时，才知道并无敌人进犯，褒姒见此，大笑不已。周幽王看到天下第一美人肆情娇笑，仿佛锦绣江山更加俏丽多姿，不由得抚掌开怀。周幽王终于如愿以偿。后来，申侯联合曾、犬戎攻打周朝，周幽王点燃了烽火台，乞求援兵，各诸侯国以为戏谑，无人来救，终被消灭。幽王被杀，褒姒被俘。

后人有诗专道此事：
凌汉烽烟彻夜明，无端远召列侯兵。
西京何限金汤固，买得娇娃笑一声。

百美图

# 翻令垓下悲

虞姬是秦朝末年项羽的美妾。项羽自浙江会稽起兵反抗秦朝暴政,义兵经过乌程,结识了这位美丽的孤女,于是就把她带到军中,南征北战,成了宠姬。在项羽身经七十余战中,虞姬总是紧紧相随。

有一次,城内失火,项羽为救虞姬,奋不顾身闯入火海,她一手抱着虞姬,一手托住正在下倾的城门石梁,救出了虞姬,他的英雄气概深深打动了虞姬。

当项羽被刘邦军队围在垓下时,听着四面的楚歌,看着心爱的虞姬,想到虞姬的前途未卜,他茫然地喝了一杯酒,泪眼濛濛地唱道:"力拔山兮气盖世,时不利兮骓不逝,骓不逝兮可奈何,虞姬虞姬奈若何!"

虞姬听了项羽的悲壮歌声,热泪满面。她深深地爱着这个顶天立地、气概非凡的英雄。为了使心爱的人能坦然面对这一切,她一边舞剑,一边唱出了杜鹃啼血、孤雁哀鸣般的辞句:"汉兵已略地,四面楚歌声;大王意气尽,贱妾何聊生!"

项羽看着虞姬俊俏的脸上呈现出一种威武不屈的气魄,他紧紧地抱着虞姬,悲泣无语。这时楚歌声越来越近,虞姬猛然抽出宝剑,自刎而死。项羽只觉眼前昏黑,伏在虞姬身旁,肝肠寸断。

就在这时,帐外鼓声大作,汉军兵马杀来,项羽拾起宝剑,割下虞姬之首,挂在腰间,奋身一跃,跨上了名骏乌骓,杀出重围。一口气跑到乌江,只剩随身二十八骑,全部拔剑自刎。

后人有诗赞咏道:
飒飒悲风汉垒多,惊闻四面楚人歌;
请凭一剑尊前尽,不忍君王唤奈何。

百美图

## 乔公欢两婿

大乔、小乔，是东汉末庐江皖县人，即今安徽舒城人，是乔国老的两个女儿，以美貌闻名一时。当孙策和周瑜欲夺荆州攻打安徽时，城破之日，孙策见大乔和小乔美若天仙，便将大乔居为己有，把小乔送给中护军周瑜。孙策和周瑜英姿挺拔，一代雄杰。对大乔和小乔宠爱备至。大乔和小乔正在伤感国破家毁，没想到却得到了雄姿勃发的如意郎君，二人破涕为笑，沉醉于甜蜜的喜悦之中。正所谓塞翁失马，安知非福。特别是小乔，棋琴书画样样精通，周郎又是雄姿英发，智勇双全，二人可谓郎才女貌，风光一时。岂料，红颜自古多错舛，孙策和周瑜英年早逝，孙策死时仅二十六岁，周瑜死时仅三十六岁，姐妹二人悲痛欲绝，叫天不应，哭地不灵。

后人有诗为证：
国亡家破名公女，同嫁英雄美少年。
绝色易逢佳偶少，听他夫婿自家怜。

百美图

## 秦国侈诸姨

秦国夫人，杨贵妃姐妹中排行第八，人称杨八姐。端庄秀丽，温文娴淑，经杨贵妃的引荐，她得以入宫。在后宫嫔妃中，她素妆雅淡，不卑不亢，妩媚之中掩饰不住清高。唐明皇在看惯了杨贵妃的妖冶美艳之后，总是牵挂着文雅淡妆的秦国夫人，常抽时间去安慰秦国夫人。有一次，唐明皇把他作的几首词曲在含元殿里弹奏，他亲自击鼓，让杨贵妃弹琵琶，宁王吹玉笛，场面宏大，热闹非凡。从早晨到中午，众人开怀，美人尽兴。只有秦国夫人正襟危坐，认真欣赏观看。曲子弹完后，唐明皇看着端庄秀丽的秦国夫人，想逗她一乐，开玩笑地说："我很荣幸夫人能来欣赏我的曲子，请夫人赏些缠头。"秦国夫人也半开玩笑道："大唐天子的阿姨岂能少银子用？"随手拿出三百万作为犒赏。唐明皇大笑不止。后来苏东坡写诗道："破费八姨三百万，大唐天子要缠头。"

后人有诗专述此事：
明皇新曲制凌波，雅态夫人坐听歌。
百万青蚨供一掷，缠头莫怪阿姨多。

百美图

100

## 我见犹怜汝

　　东晋大将桓温,是明帝的女婿。他的妻子就是南康公主。公主仗着父亲是皇帝,嫉妒任性,专横跋扈。她听说桓温平了蜀,夺了个漂亮妩媚的姑娘李势女,并收纳为妾,宠之专房,就炉火中烧,大发雷霆,率领其他宫婢,拿着兵刃,要去杀掉李势女。当南康公主赶到李势女的住处时,正好桓温有事外出,只有李势女一人站在窗前,正忧郁满怀,无精打彩地梳理着及地长发。她姿容娇美,忧艳含情,典雅端庄,一边结着发一边自言自语地说:"国破家亡,我又被掳掠到这个地方,真是活着不如死去的好。"说话时神色毅然,凄婉动人。南康公主毕竟是个女人,看到李势女是这样的柔肠寸断,哀怨凄楚,顿时醋意尽消,打心眼里怜爱这位悲戚的女子来。她扔掉手里的兵刃,上前抱住李势女说:"看到你这样我都心疼,难怪桓温那样喜欢你。"于是公主很友善地安慰着李势女,并把她接回家中,以姊妹相称,共同侍奉桓温。

　　后人有诗赞咏道:"
　　故国伤心忆蜀都,怆然垂泪滴珍珠;
　　谁知公主相怜甚,别有豪情胜老奴。

百美图

# 卿呼更属谁

王戎妇是晋时凉州刺史王戎的妻子,人称美妇人。她不仅人长得秀美端庄,且最会体贴丈夫,两人相亲相爱,感情极其深存。每次丈夫外出,她都要送至门口,看着他的背影消失。丈夫处理完政务回家,她都必到门口迎接,问寒问暖。有一段时间,丈夫经常早出晚归,不能按时回家,她怕丈夫移情于外,便百般温柔地问:"卿,怎么回来这么晚?"王戎不耐烦地说:"以后不要再称'卿'了,当心别人见笑。"美妇人见丈夫这般态度对自己,不由得满腹委屈,她含着泪说:"我这样称呼你,是说明我深爱着你,夫妻恩爱有什么不可以的。"王戎听后,也明白了她的心思,回想自己确实因公务繁忙而怠慢了妻子,心里充满了歉疚,他情不自禁地将妻子揽入怀中。

后人有诗赞云:
翠幔春风一笑迎,齐眉人见但呼卿。
深闺多少同心事,如此相称倍有情。

百美图

## 腻环常引蝶

楚莲香是唐长安城中的名妓,体态苗条、妩媚艳丽。粉脸桃腮,宛如含苞欲放的蓓蕾,及腰的长发随着脚步飘逸,就好像流泻的黑色瀑布,更增添了许多娇柔姿色。她常穿着曳地长裙,走起路来几乎看不见三寸金莲,只能看到娉婷婀娜的身姿在缓缓移动,就像踩着云彩的仙女,给人留下超凡脱俗的美感。当时唐长安城内豪门望族聚居的地方,处处都有她的芳迹,达宦贵人豪绅之中,更是盛传着她的艳名。更为奇怪的是,不管她去哪里,途经何处,总是有许多的蝴蝶和蜜蜂相随着她,因为她那柔嫩洁白的玉体会散发出一种芳香的气味,沁人心脾,这就更增添了她的神秘色彩,许多达官贵人像蝶舞蜂随一样,追随在她身旁,想一睹她的芳容,一嗅她的体香,把她视作仙女下凡,无限神往。

后人有诗赞咏道:
高卷湘帘出艳妆,不关花气自闻香;
蝶蜂也似缠头客,乱逐游踪上下狂。

百美图

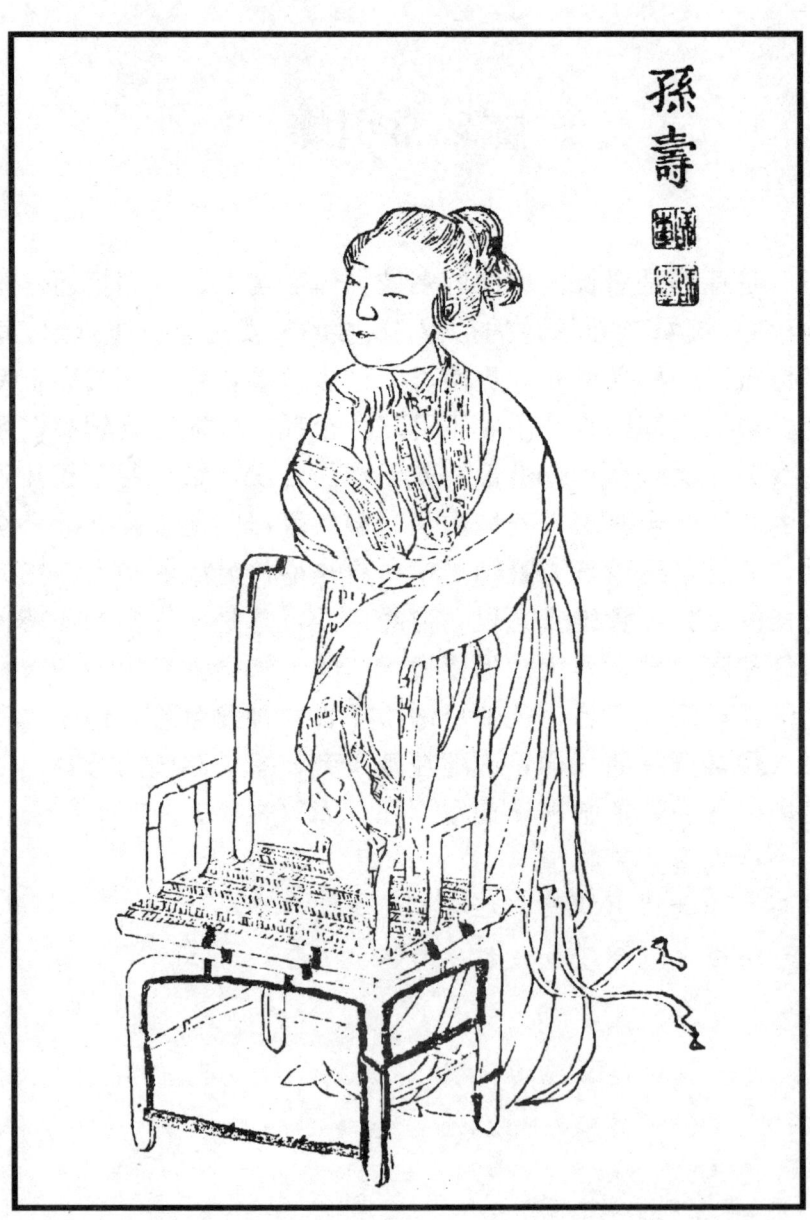

106

## 龋齿想支颐

孙寿是东汉梁冀的妻子，面貌姣美，风流艳情。她把细长的蛾眉故意修作曲形，以显示她的忧愁多情，称之"愁眉"；双目水汪晶莹，光彩照人，并经常擦拭眼眶，给人一种刚刚哭过的感觉，美其名曰"啼妆"；她的秀发黑而柔软，经常挽成一个慵懒髻，使它斜倚半偏，谓之"堕马髻"；腰肢柔软，行走时有意摆动裙摆，好像弱不禁风，谓之"折腰步"；尽管她长着漂亮整洁的牙齿，巧笑时却脸颊微蹙，好像牙床疼痛，称作"龋齿笑"。就是这样一个妖态媚生的美人，惹得奸臣梁冀百般疼爱，万般怜惜，稍一忤意，便装娇卖痴。当孙寿得知梁冀在外拈花惹草时，妒火中烧，率众家奴冲进藏娇屋，将梁冀的相好打得遍体鳞伤，并剪去了她的头发，关在房内不许放出。梁冀听后大惊，急忙向孙寿父母求情赔罪，几经周折，才算了事。

孙寿见丈夫不轨，自己也就放纵起来，先和太仓令秦宫眉来眼去，继则同床共枕。孙寿与秦宫私通后，纵欲无度，狼狈为奸，加之梁冀又是专横跋扈，他们大肆虏掠，搜刮民财，贪婪无度，后来终被诛杀。

后人有诗为证：
无因还故作愁眉，敛笑为啼妆更奇。
应有情人花底话，相思未得却成悲

百美图

## 樱唇与纤腰

樊素、小蛮，两位美丽的女子都是唐朝大诗人白居易的小妾。聪明灵巧，能歌善舞。二人不但生得如花似玉，肌白如雪，而且心底善良，诚实可爱。每当二人看到白居易为贫苦百姓写出的感人诗篇时，由衷的高兴，庆幸她们遇到了一位胸怀宽广、体贴百姓的大丈夫。白居易也视她们为红颜知己，他常常对她们倾诉朝廷的腐败及对朝政的不满，他向樊素和小蛮讲《卖炭翁》和《琵琶行》，讲他对生活在水深火热之中百姓的同情。每当这时，樊素和小蛮总是眼中含着热泪，倾听着白居易的诉说，并为诗人高尚的情怀而深深感动。樊素、小蛮不仅有美丽的外表，她们还有一颗善良的心和动人的感情，为了使白居易摆脱忧郁苦闷，樊素唱歌，小蛮跳舞，她们是诗人苦闷生活中的一缕阳光。

后人有诗专赞樊素：
朱唇微动似丹脂，欲啭莺喉故故迟。
解得使君肠易断，新声怕唱苦相思。

有诗专赞小蛮：
舞汗香凝透绛绡，轻盈欲斗楚宫腰。
当年最可香山意，摇曳春风似柳条。

百美图

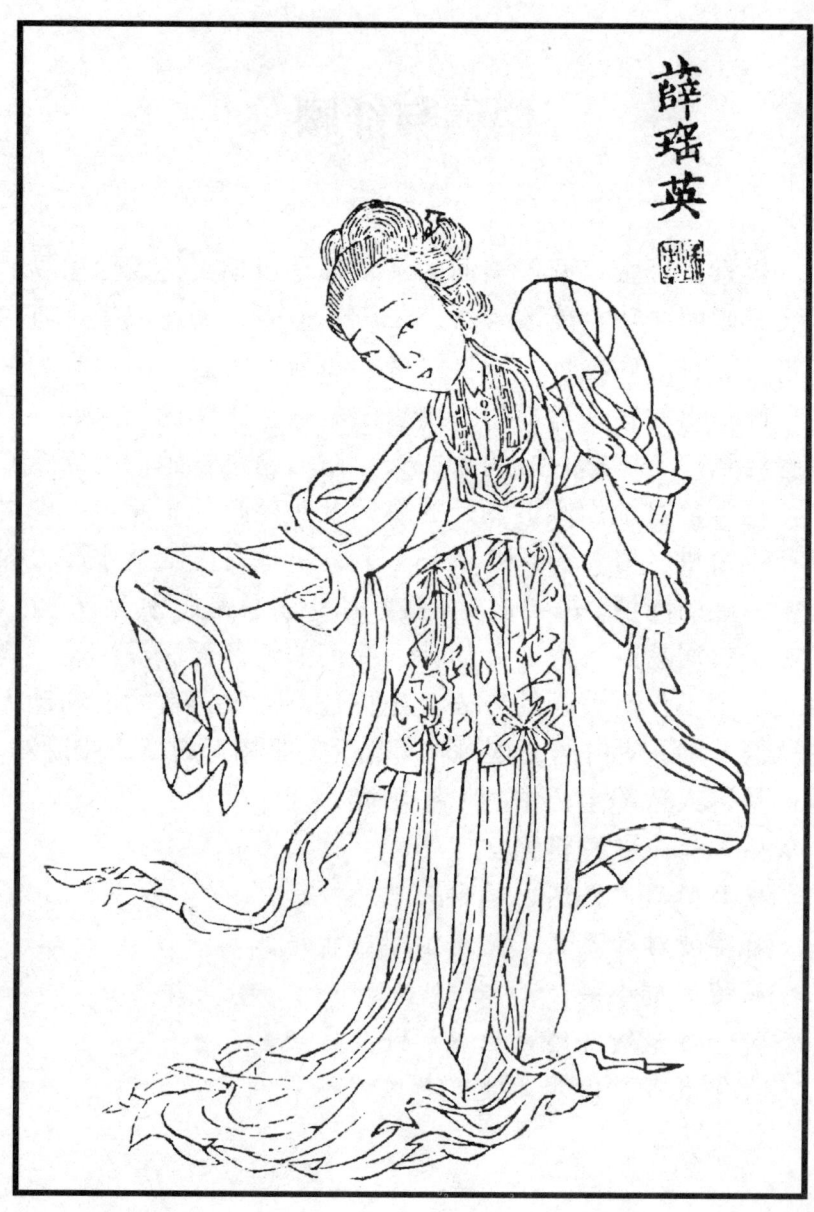

## 舞衣曾怯重

　　薛瑶英，是唐朝名臣元载最宠爱的姬，生就一副美人胚，凤眼柳眉，粉面桃腮，丰满娇柔，浑身散发一股诱人的兰香。元载一代名臣，宠之如掌上明珠，唯恐空气中的尘埃玷污了他的宠姬，为她专门设置了透明的金丝帐，以配衬她那粉红色的丝衣。在豪华的宫廷里，薛瑶英轻歌曼舞，和元载陶醉在爱的氛围里。为了薛瑶英，宰相杨炎和元载一度曾闹得不可开交。一次，杨炎去元载家作客，看见了妖冶美艳的薛瑶英，便心存异念。在轻歌妙舞中，杨炎把持不住自己，欲行非礼，元载大怒，不顾杨炎的宰相身份，毅然下了逐客令。

　　尽管如此，杨炎对薛瑶英的能歌善舞和绝代姿色不能忘怀，事隔不久，杨炎写了一首诗赞叹薛瑶英："雪面澹蛾天上女，凤萧鸾翅欲飞去。玉钗翘碧步无尘，楚腰如柳不胜春。"

后人有诗为证：

衣着龙绡稳称身，凤鸾吟作满堂春。

可知憔悴西秦道，曾有当时握手人

百美图

## 歌幔镇教垂

宠姐，是唐朝宁王府的一个艳妓。聪明美丽，能歌善舞，时人莫不称羡。特别是她的歌声优美动听，扣人心弦。宁王将宠姐据为己有，对她深加宠爱，几乎成了一种病态。他不允许别人欣赏她的花容月貌，赞叹她的窈窕身材，更不允许那些文人骚客接近她，看到他们的眼光在她身上顾盼，宁王就烦躁不安，乱发脾气。

大诗人李白久慕宠姐美名，想一睹芳容，百般请求宁王，宁王迫不得已，才答应李白，但必须设一屏风帏帐，让宠姐在帐后轻歌曼舞，李白只能看着帏帐后朦胧的身影，听着委婉动听的歌声，想象着宠姐的花容月貌。尽管如此，李白已心满意足，再三致谢宁王道："闻宠姐之优美歌声，已深知其不负美名，我知足也。"说罢辞谢而去。

后人有诗赞云：

历历歌声入翠微，衣香人影太依稀。

等闲谁识春风面，不为青莲撤锦帏。

百美图

## 史为修蛾撰

　　莹娘是我国古代平康地区（今四川西南）的一个著名妓女。她长得粉面桃花，明眸皓齿，樱桃小口，再加上窈窕柔弱的身材，更显风姿绰约。最令人赞美的是那变幻莫测的双眉，能根据不同的心情，不同的环境被勾画成千姿百态。莹娘有一双神奇的手，她将千种风流万般柔情都体现在天天变化的蛾眉上。她的眉毛每天都是一种新式样，无论是半老徐娘还是妙龄少女，都争相仿效，以她的眉形变化而变化，莹娘蛾眉风靡一时。有位才子唐斯立曾对莹娘开玩笑说："西蜀有十眉图，像你这样变化多样的眉毛，可作百眉图。我准备专门组织几个人，用一年的时间为你编一部修眉史书。"可见，莹娘的眉毛多么富有盛名。

　　后人有诗为证：
　　玉净花明理鬟余，轻描翠黛意舒徐。
　　有图尚拟联同志，直欲方之太史书。

百美图

## 才因协律知

雪儿，是唐朝李密的宠姬，面若桃花，身若飞燕，工于诗词，擅长绘画，能歌善舞。李密对她非常宠爱，以拥有她而自豪。每当宴请宾客时，李密必请雪儿出席作陪，或与宾客对诗作词，或为朋友唱歌献舞，雪儿的容貌才华常让在座的宾客无不称赞，李密也深为得意。

随着隋炀帝的日益荒淫腐败，李密筹谋着举兵讨伐的策略，为了助李密一臂之力，雪儿准备利用自己的魅力，为李密笼络更多的盟友。也正因此，闹出一场事来。一次，雪儿身着薄妆，将乌黑的头发挽成高髻，轻歌曼舞，为宾客们侍酒助兴，宾客中有一武将酒醉，拉住雪儿要强行非礼，李密大怒，拍案而起，一刀将武将砍倒在地，从此，宾客们对雪儿礼貌有加，不敢惹事生非。

后人有诗为证：
芙蓉幕客绮辞多，时付双环协律歌。
比似旗亭夸赏识，胜他画壁唱黄河。

# 百美图

# 璇玑图蔚若

苏蕙，前秦时窦滔的妻子。女诗人。容貌娇美，文静贤淑。十六岁时嫁给秦州刺史窦滔，夫妻生活幸福，两人互敬互爱，很是和谐。窦滔因违抗苻坚旨意，被调守敦煌。但苻坚看重窦滔的才能，加之襄阳情势危机，遂又封窦滔为安南将军，镇守襄阳。当苏蕙得知窦滔另有所爱，就千方百计打听，得知所宠赵阳台的住处，就对赵阳台横加指责，劝其不要勾引自己的丈夫。回家后又对窦滔痛哭流涕，诉恩报怨，窦滔非常难堪。

当时窦滔已被赵阳台的声色所迷惑，加之阳台又在他耳旁说了许多苏蕙的坏话，所以他对苏蕙便不再珍惜。苻坚要他去镇守襄阳，他只是敷衍地邀苏蕙同往，苏蕙当时正在气头上，便拒绝同往，窦滔就携赵阳台去了襄阳。

窦滔走后，苏蕙回想起他们夫妻往日的恩爱，总是难以忘怀。悔恨交加，悒郁不平。于是用锦缎织成《回文璇玑图诗》，锦缎的长宽各八寸，在上面题了三十余首诗，约八百四十余字。无论是纵看、横看、斜看、倒看都成文章。才情绝妙，亘古未有。可是别人却看不明白其诗的意义。苏蕙笑着说："徘徊宛转，自成文章，非我爱之人不能理解。"于是把《璇玑图》寄给襄阳窦滔。窦滔看完锦字，热泪盈眶，他被妻子的情怀深深感动，于是把赵阳台送回关中，派人把苏蕙接往襄阳，夫妻二人恩爱有加。

后人有诗赞云：
寒窗深锁绣烂斑，欲写离诗损玉颜；
看取璇玑图上字，分明宛转似刀环。

**百美图**

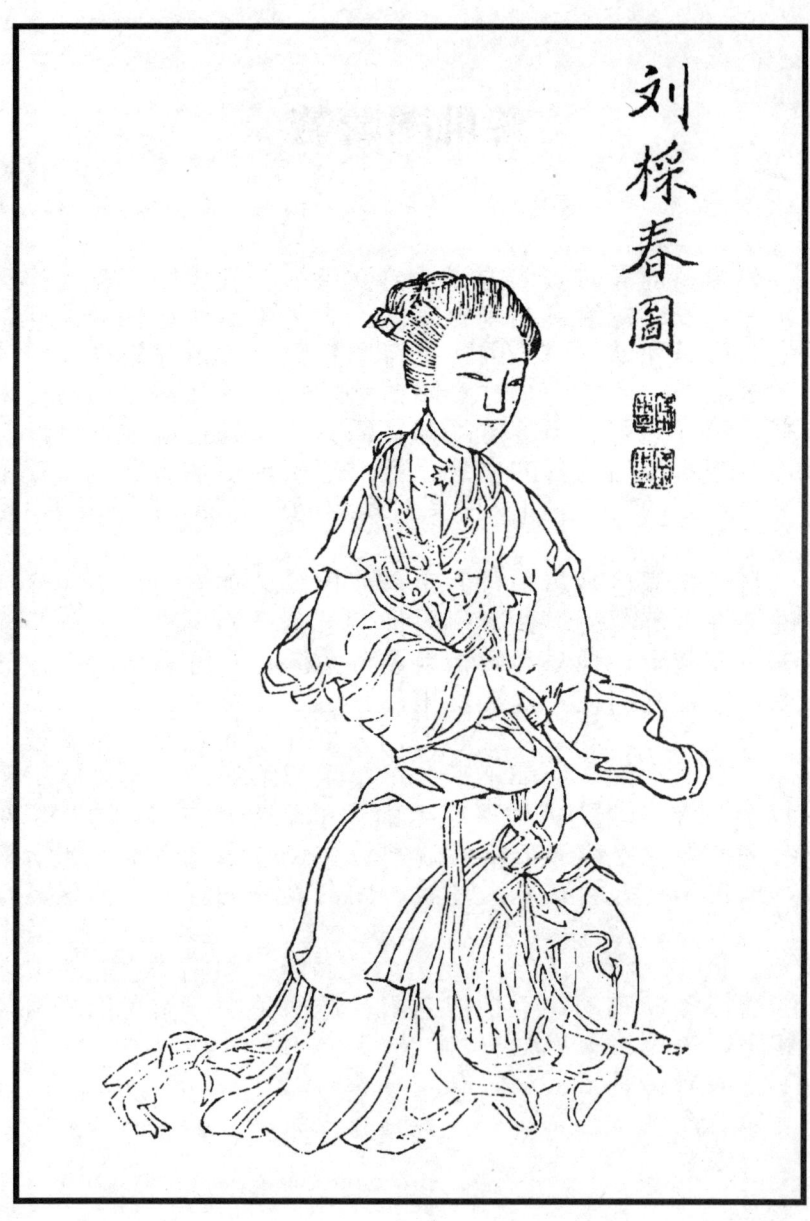

## 啰唝曲凄其

刘采春,是浙江名妓。生在水乡,温柔多情。她身为妓女,有感于人情冷暖,世态炎凉,写出了著名的《啰唝曲》,曲云:"不喜秦淮水,生憎江上船;船载夫婿去,经岁又经年;借问东园柳,枯来得几年;自无枯叶分,莫怨太阳偏;莫作商人妇,金钗当卜钱;朝朝江口望,错认几人船;那年离别儿,只道在桐庐;桐庐人不见,今得广州书;昨日胜今日,今年老去年;黄河清有日,白发黑无缘。"唐朝大诗人元稹考察浙东时,发现了这首《啰唝曲》,大为惊讶,还以为是与自己阔别十年的薛涛所作。当他拜访了刘采春后,被刘采春的才气和美貌深深打动,看到丽人艳词,元稹诗兴大发,赠采春诗曰:"新妆巧样画双蛾,慢裹常州绣额罗;正面偷情光滑笏,缓行踏月皱纹波。言词雅措风流足,举止低徊秀媚多;更有恼人肠断处,选词能唱望夫歌。"元稹和刘采春一见钟情,两人相见恨晚。后来有人讥笑元稹,说他不是去浙东考察去了,而是被浙东的美女吸引了。

有人写诗咏道:

年去年来景物殊,浑如日月两相驱;

伤心啰唝楼中曲,白发星星再黑无。

百美图

## 翰墨畴能蔽

卫夫人，名铄，字茂漪，河东安邑人。容貌娇秀，体态高雅，心聪神慧。出生在魏晋时期一个书法世家，曾祖父卫觊，祖父卫瓘，叔父卫恒三代都是大书法家。她从小受环境的熏陶，酷爱书法。他的叔父看着卫铄长得花容月貌，不忍心让她学，因为练书法是件很苦的事情。不论卫铄怎样央求，叔父终是不肯。

为了练书法，卫铄绞尽脑汁，想尽了办法。一天，她终于想出一计。不论白天或是晚上，只要叔父在书房挥毫写字，她就在旁边磨墨，并不时地给叔父换茶，趁叔父写完字休息时，卫铄忙回到自己的房间，铺开纸，按着叔父的笔法练了一天又一天。有一天晚上，叔父正在练字，卫铄在旁边一边认真观察，一边磨墨，由于她看得入迷，以致自己的手指在砚台里磨都不知道，当叔父蘸墨时，才发现她的小手在砚台里磨来磨去，再看看她那双眼睛，仍聚精会神地看着台桌上的字。她叔父拉着她去洗手，在她的闺房发现了她写的字，不由大吃一惊。小小侄女竟能写出如此好字，真是志不可夺，从此同意教她书法，终于使她成为一代名家。唐人韦续赞卫夫人书法是"插花舞女，穆若清风。"后来王羲之师承其书法，卫夫人看了他的运笔之法，断言王羲之的书法必会青出于蓝而胜于蓝，果真慧眼独具。

后人有诗赞云：
兔毫香阁写乌丝，不是寻常学画眉；
千古争传鹅换字，簪花谁说女宗师。

百美图

# 丹青倒好嬉

管夫人，即管道升，是元代书画家赵孟頫的妻子。不但风流多情，忠贞不渝，且是一个书画家及作家，特别擅长画竹。她曾给皇太后画了一副墨竹图，深受太后敬佩，封她为魏国夫人。

一次，丈夫赵孟頫想娶一房姬妾，便将此心思寄寓一阙词中给管夫人："我为学士，尔做夫人，岂不闻陶学士有桃叶桃根，苏学士有朝云暮云，我更多娶几个吴姬越女无过分。尔年已过四旬，只管占住玉堂春。"

管夫人看到此词，百感交集。回想往昔和丈夫在一起的恩恩爱爱，以书通情，以画传神的和谐，岂料人到中年，丈夫却有如此心思。她思前想后，也写了一阙词以答丈夫："你侬我侬，忒煞情多。情多处，热如火，把一块泥，捻一个你，塑一个我。将咱俩个，一齐打破，用水调和。再捻一个你，再塑一个我。我泥中有你，你泥中有我。我与你生同一个衾，死同一个椁。"丈夫被管夫人的深情所打动，再也不提什么妻妾之事了。

他们夫妻相好如初，管夫人特别擅长画竹石，她的画跋尾都有"好嬉子"三字是她的私印，她总是倒着用此三字，这已成为她作画的一种癖好。

后人有诗赞咏道：
香闺作绘品题难，印比司农却倒看；
他日中官还有命，写成玉蕊几枝寒。

百美图

# 辨弦分二四

蔡文姬，名琰，河南人。出生在东汉末年一个书香门第之家。貌美聪慧，感情深挚。一天夜晚，幼年的文姬正在窗前欣赏满天的星斗，静听着父亲在房里弹琴，忽然一根琴弦被父亲拨断，文姬说第二根琴弦断了，父亲以为她是碰巧说对了，接着又故意拨断了一根琴弦，文姬立即说第四根琴弦断了，父亲感到十分惊奇，这才知道女儿是真懂乐理。

后来董卓叛乱失败，文姬的父亲也牵连被杀。战乱中文姬被胡骑虏获，辗转西入函关，嫁与匈奴王，并生了两个孩子。文姬不习惯塞外生活，十分思念家乡，整日郁郁寡欢。她常常翘首南望，思念亲人。一日，她正思乡心碎，忽然来报，曹操派遣使臣来赎她归汉，她高兴得热泪盈眶。但匈奴有条规定，在他们当地所生的孩子不能带回中原。文姬紧紧地抱着两个可爱的孩子，哽咽着说不出话来，当她随着南去的车轮渐渐远去时，已经哭成了泪人。

回到家乡，她孤苦伶仃，悲伤满怀。父亲的好友曹操替她作主，让她和屯田都尉董祀结合。她将后半生的希望寄托在董祀身上。当董祀犯法时，她冒死求曹操赦免。回想颠沛流离的生活，蔡文姬感慨不已，为此，她写下了著名的《悲愤诗》两章，并写成著名的《胡笳十八拍》以传后世。

后人有诗赞云：
悲笳十八数艰难，别鹄离鸾欲罢弹；
怀土怀儿俱叹息，风霜日暮泪阑干。

百美图

## 代戎失雄雌

木兰，梁时商邱人。长得妩媚端庄，貌美聪慧。由于在家中是老大，所以经常干些重体力活儿，从小练就了一副健康结实的身材。花木兰的父亲名叫花弧，是一位老军官。因边防紧急，皇上下令征兵，花弧因名单在军中，但因年老深感力不从心，又不能抗命拒绝服役。木兰就从织布机上走向父亲，请求由她代替从军。

那年花木兰只有十七岁，母亲看着如花似玉的女儿，就是不肯放她走。木兰和母亲抱头痛哭，但门外的集合令一声紧似一声，花木兰擦干眼泪，劝母亲放心，穿上男儿战袍，飞马随军出发了。

木兰和父亲的朋友刘义、陈春两个军官来到边塞，共同参加了保家卫国的战斗。

花木兰守边十八年，冲锋杀敌，英勇陷阵，为国家立下了汗马功劳，被封为将军。当她凯旋归来时，已年近三十了。刘义、陈春还有她手下的士兵，都不知道花木兰是一个巾帼女流。等到大家护送她回家，脱了战袍，换上旧时的女儿装时，才恍然大悟，想不到将军原来是个女儿郎。

后人有诗赞叹道：

归来对镜插花黄，惊见天人绝代妆；

大孝大忠俱第一，雌雄莫辨又何伤？

# 百美图

## 顿觉参禅悟

琴操,是宋朝杭州妓女。聪明美貌,口齿伶俐,多愁善感。当苏东坡因与王安石变法发生抵触时,贬任杭州通判,心情抑郁,便经常和琴操在一起,借酒浇愁。有一天,苏东坡在西湖游览,对陪伴自己的琴操说:"我当长老,你来回答我的问禅行吧。"琴操笑着应允。苏东坡问:"何谓湖中景?"琴操答道:"落霞与孤鹜齐飞,秋水共长天一色。"东坡问:"何谓景中人?"答说:"金勒马嘶芳草地,玉楼人醉杏花天。"又问:"何谓人中景?"答说:"裙拖六幅潇湘水,鬓耸巫山一段云。"东坡看着茫茫西湖,联想起自己的处境,接着问道:"何谓人中意?"琴操随口答道:"随他杨学士,鳖杀鲍参军。"琴操回答完后,一闪身迎住东坡视线问:"如果是这样的话,那么最后的结果是什么?"苏东坡说:"门前冷落车马稀,老大嫁作商人妇。"琴操体味着东坡的话,若有所悟,人生不过如此罢了。于是削发为尼,远离尘世。

后人有诗赞云:
半生长在绮罗丛,未解情缘总是空;
参破枯禅甘宁寂,肯教冷落感秋风。

百美图

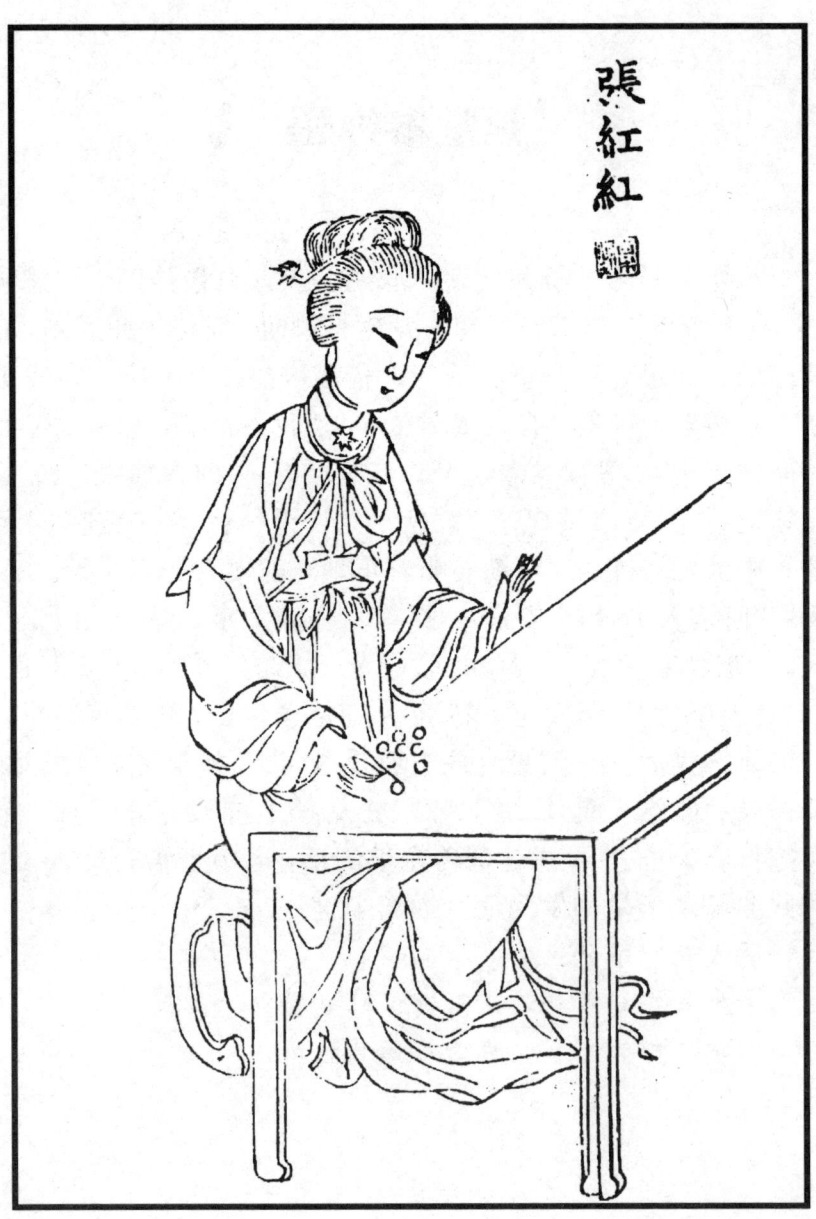

## 宁愁记拍贵

张红红，唐代乐妓。歌声美妙，聪颖绝伦，红极一时，被韦青纳为妾。尽管她不懂乐谱，但她对唱歌很有天赋，且记忆力惊人。一次，韦青请来一个乐工，让乐工弹奏一支新谱的曲子，张红红在屏风后欣赏。当乐工弹奏时，聪明的张红红用小豆粒默记着曲子的音拍，乐工弹奏完后，张红红竟毫无差错地唱了出来。乐工被优美的歌声惊呆了，更没想到他新谱的曲子弹奏了一遍就有人会记下来，乐工不由钦佩之至。韦青立即上奏唐敬宗，将张红红推荐入宫。

唐敬宗召纳了张红红，首先对她的美貌大为动心，后来又惊喜于她的记忆力，便大为宠幸，称张红红为"记曲娘子"。张红红虽身在宫中，但一直心里牵挂着韦青，常常回忆她和韦青在一起时的欢乐时光，当听说韦青的死讯后，张红红悲痛不已，恸哭一声，竟气绝而死。张红红的执着感情，令唐敬宗深为感动，遂追赠她为昭仪。

后人有诗赞云：
闻锦新声隔锦幨，记声曾事玉纤纤；
豆红原是相思子，应为韦郎别后拈。

**百美图**

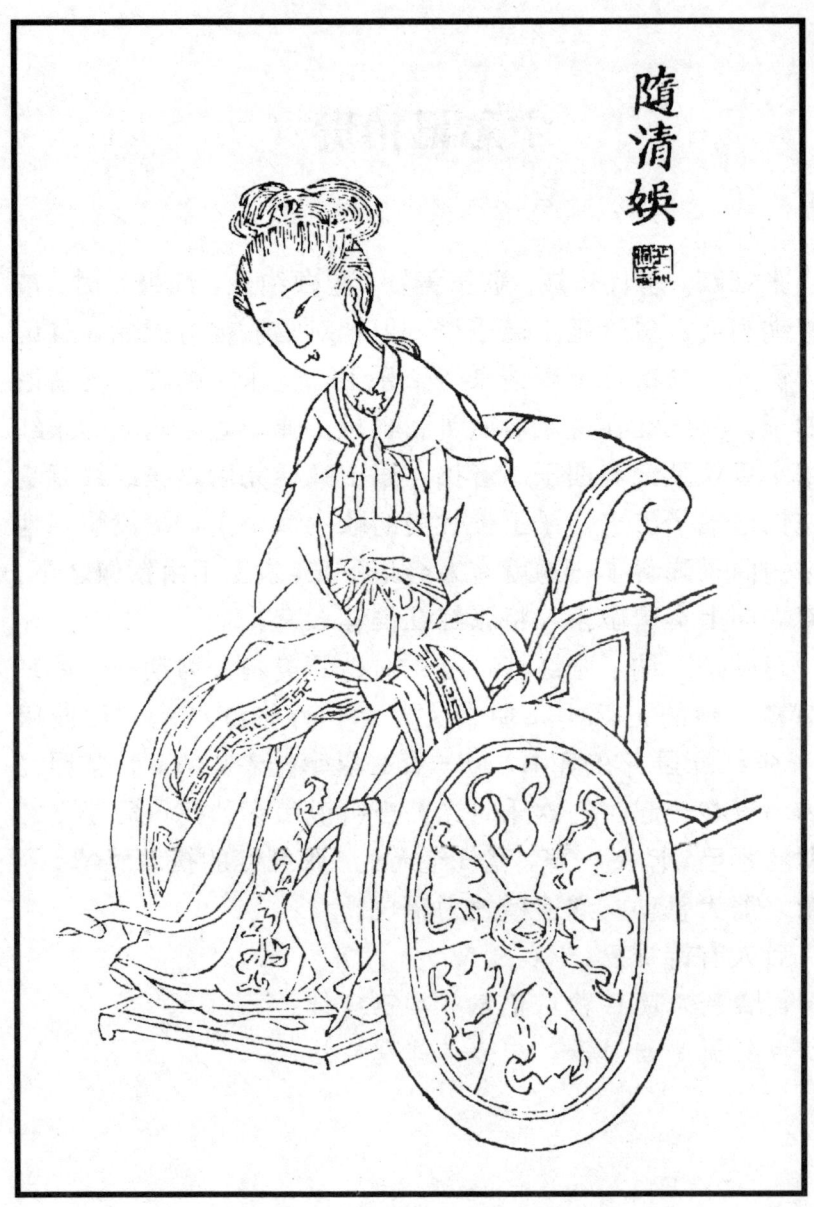

# 龙门陪乘著

随清娱,是司马迁的侍妾,不但面容姣丽,而且性格刚毅,很有主见。她一心一意地爱恋着司马迁,对他忠贞不渝。当司马迁受宫刑之后,她不像其他的侍妾弃他而去,而是毅然决然地留了下来,守在他的身边。因为她心里明白,此时的司马迁比平时更需要她的关心和抚慰。她没有被世俗偏见吓倒,而是强忍着内心的痛楚,陪伴着司马迁走过了无数的名山大川,考察了无数的古代战场,搜集了丰富的资料,度过了无数个日日夜夜,帮助司马迁完成了史家之绝唱——《史记》的写作。随清娱这个柔美坚强的女子,用她的痴爱鼓励着司马迁,支持着司马迁,才使司马迁在悲愤羞辱中抬起头来,成就大业。随清娱将伴随着司马迁的英名永远流芳。

后人有诗赞咏道:
一从选胜事间关,车马风尘共往还。
才子美人俱绝代,不曾辜负好名山。

**百美图**

136

## 蜀郡校书推

薛涛，唐代女诗人。原籍京兆长安。风流多情，妩媚漂亮。因父亲在成都任官，也寓居成都。当薛涛八九岁时，父亲看着聪颖的女儿，想考考她的文才，就指着庭院中的一棵梧桐树吟道："庭院一古桐，耸杆入云中。"薛涛接道："枝迎南北鸟，叶送往来风。"父亲抚摸着女儿的头，忽然有一个念头闪过，但愿女儿的命运不像诗句所说。

薛涛的父亲不久就去世了。生活所迫，薛涛当了乐妓，陪达官贵人、文人骚客饮酒作乐。后来韦皋镇守成都，令薛涛侍酒赋诗。因她善于逢迎，容貌娇艳，又很会作情诗，所以又被称为"女校书"，一直在幕府里过着陪笑生活，也因此认识了唐代许多文人骚客，如白居易、元稹、令狐楚、裴度、牛僧孺等。胡曾写诗赞道："万里楼台女校书，琵琶花下闭门居；扫眉才子知多少，领取春风总不如。"诗人元稹与薛涛更是感情深厚，薛涛曾将自己制作的七色彩笺，写上自己作的诗，寄给元稹一百余幅。元稹也给薛涛赠诗曰："锦江滑腻岷峨秀，幻作文君与薛涛；言语巧偷鹦鹉舌，文章分得凤凰毛。纷纷词客皆停笔，个个公侯欲梦刀；别后相思隔烟水，菖蒲花发五云高。"

薛涛老年后隐居四川浣花溪，制作深红色小诗笺，将自己的诗题在上面，称为"薛涛笺"，世人争相观看。终年75岁。

后人有诗赞云：
酬唱风流逐胜余，小花笺纸浣花居；
不因南北栖归鸟，谁识成都女校书。

百美图

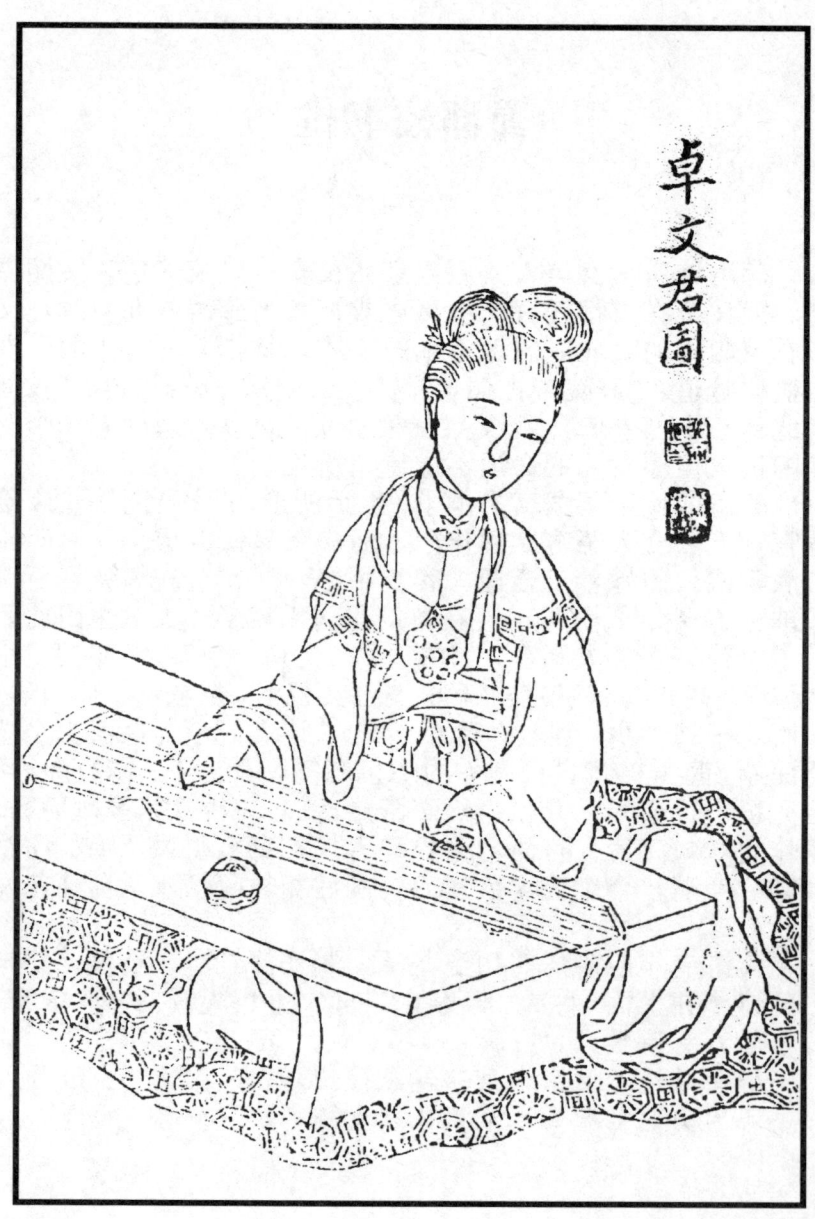

## 越礼从司马

卓文君,四川卓王孙的女儿。懂音乐,善鼓瑟。长着桃花芙蓉面,肌肤柔滑如雪膏。姿容高雅,风流飘逸。丈夫死后在家独居,常独自抚琴以寄愁思。

偶然的机会,司马相如到卓王孙家作客。此时的司马相如还只是个穷秀才,经朋友再三怂恿,司马相如弹起了《凤求凰》,悠扬悦耳的琴声打动了卓文君,她在屏风后看到了风流潇洒的司马相如,决心非他不嫁。

夜幕来临之后,卓文君收拾了简单的行妆,敲响了酣睡中相如的门,此时寡居的卓文君年仅十七岁,高雅美丽,相如和卓文君双双私奔。

卓王孙知道此事后,大怒不已,断绝了卓文君一切经济援助,但卓文君与相如情深意切,二人开了个酒馆维持生计。这大大伤害了卓王孙的面子,不得已为卓文君夫妻置办了田宅,使其安心度日。后来,汉武帝读了相如的《子虚赋》惊叹不已,立即任用相如为中郎将,令开通邛、筰。

当司马相如大富大贵,想娶妾续室时,卓文君作了一首《白头吟》给相如:"凄凄重凄凄,嫁娶不须啼;愿得一心人,白首不相离。"相如看后,明白了她的痴情,就断了那份念头。

后人有诗专赞此事:
求凰雅操结知音,已委芳心托素琴;
底事茂陵弹别调,忍教人赋《白头吟》。

**百美图**

## 闻名动牧之

紫云,是唐朝李愿宠爱的歌妓,其艳美之名早已盛传在外,当时无人不知,无人不晓。李愿被贬官后,灰心于仕途,纵情于声色,专门为紫云建置了豪华楼台,整日寻欢作乐。当时杜牧任御史分管洛阳,李愿邀请杜牧作客,杜牧早闻紫云艳名,尽管政务繁忙,仍在百忙之中抽出时间,不为李愿,单为紫云,风尘仆仆赶到李府。刚一入座,他便高喊:"谁是紫云姑娘,出来让我看看。"李愿见上司如此,哪敢怠慢,忙唤紫云出来。一会儿,但见一位美女姗姗而出,粉面桃花,美目流盼,杨柳细腰,金莲碎步,飘然来到眼前。杜牧顿时看傻了眼,他双眼盯着紫云,喃喃道:"名不虚传,果然名不虚传!"说毕,端起酒杯,连饮三盅,朗声长吟:"华堂今日绮筵开,谁遣分司御史来?忽发狂言惊满座,两行红粉一时回。"

后人有诗赞咏道:

欲探名花问洛阳,绮筵开处诧红妆。

三生本是多情种,莫笑分司御史狂。

## 黄昏潜约后

朱淑真，宋代女作家，浙江钱塘人，朱文公的侄女。相貌秀丽，姿质高雅。言谈举止，落落大方，所写文章，幽怨含情。她写的诗句，当时很受人们的喜爱。不幸的是，由于父母早逝，她嫁给了只知经商和奔波仕途的市井庸人，怨恨、落寞常常伴随着她，使她整日郁郁寡欢，万般无奈，经常一人临风对月，触景伤情，将丰富的情感寓于诗词之中，以抒发自己的感伤之情。最著名的是《断肠集》，其中有"去年元夜时，花市灯如昼，月上柳梢头，人约黄昏后。今年元夜时，月与灯依旧，不见去年人，泪湿春衫袖。"读其诗，仿佛一窈窕多情女，满目哀怨，满心无奈，凄楚站立眼前。朱淑真一生没有得到知音，在抑郁中孤独地走完了她的一生。

后人有诗云：
良宵人去掩蓬门，照眼灯花总断魂；
寂寞寒窗眠不得，柳梢桂月自黄昏。

百美图

## 古渡许迎时

　　桃叶，东晋著名书法家王献之的爱妾。美若桃花，姿色艳丽，能歌善舞，工于诗词。王献之非常宠爱桃叶，在他挥洒书法时，总是让桃叶侍立于旁，研墨铺纸，端茶递水。王献之是位大书法家，加之性格浪漫豪放，常爱走访名山大川，以陶冶情操。当此之时，桃叶总是相随左右，相偎相依。有一次，他们游玩到一个渡口，望着碧波粼粼的河面，晚霞中鱼鸟拍击着水面，王献之动情地揽着桃叶的纤细腰肢，轻声唱道："桃叶复桃叶，渡江不用楫，但渡无所苦，我自来迎接。"又望着桃叶的妹妹桃根说，桃叶复桃叶，桃叶连桃根。语言之中充满了对桃叶的爱恋和宠爱。后来人们把这个渡口叫做"桃叶渡"，以纪念他们的爱情。

　　后人有诗为证：
　　绿波分得别情浓，小字频呼不压重。
　　旧院东头珠市畔，斜阳古渡认芳踪。

# 百美图

# 待月藏萧寺

崔莺莺，唐代传奇人物，出生在一个富庶家庭，红润艳丽，光彩动人。一次与母亲及侍婢游普救寺时，和美貌少年张生相遇。张生眉目传情，暗送秋波。然而莺莺懂礼守节，没有被张生的撩拨搅乱情怀。尽管她心里也偷偷地喜欢张生，可表面却冷若冰霜，悒郁寡欢。张生夜不能寐，食不甘味，精神恍惚。迫不得已，张生重贿莺莺的侍婢红娘，求其将自己的思念之苦告知莺莺，并写情诗传与莺莺。其诗之一是："春来频到宋家东，垂袖开花待好风；莺藏柳暗无人语，惟有精花满树红。"其二是："深院无人草树光，娇莺不语趁荫藏；等闲弄水浮花子，流出门前赚阮郎。"当天晚上，红娘便给张生带来了莺莺的回音："待月西厢下，迎风户半开，拂墙花影动，疑是玉人来。"读罢诗，张生喜不自禁，他明白今晚就是他和莺莺的好日子。当月升中天时，张生翻墙入西厢，结果床上躺的是红娘。红娘通报莺莺，莺莺来到西厢，端庄威严，将张生数落了一番。张生只得又翻墙而出。第二天晚上，心灰意冷的张生正在房子睡觉，红娘却抱着春妆半卸、娇羞柔弱的莺莺进来。放在床上，带上门出去了。莺莺柔情似水，两人如胶似漆。从此以后，二人通过红娘，在西厢房里渡过了许多销魂之夜。不久张生去长安，杳无音信，张生后来弃莺莺另娶，莺莺也伴着泪水另嫁。

后人有诗专述此事：
西厢伫立意千重，倚遍栏干冷露浓；
花影竹声俱恍惚，空教人恨五更钟。

百美图

# 吟红向水湄

韩翠蘋，唐僖宗时的宫女。妩媚漂亮。多愁善感。身在皇宫，因临幸机缘难得，于是寄情红叶，以期有情人阅后以情相报。她在红叶上写道："流水何太急，深宫尽日闲；殷勤谢红叶，好去到人间。"放入环绕皇宫御苑的河流中，让它随着荡漾的春水，载着自己的一片春心流向宫外人间。正巧，在御苑外散步的于祐捡到了这片红叶，他一看红叶上所题情诗，不由心头一喜。他拿着红叶左吟右咏，忽发奇想，想要得桃报李。他珍藏好红叶诗片，又捡一红叶，在上面题道："曾闻叶上题红怨，叶上题诗寄阿谁？"他饶有兴趣地跑到御苑河上流，将它放入水中，让红叶随流入宫。于祐把韩翠蘋之事托付给御苑看门人。后来，唐僖宗放禁三千宫女，韩翠蘋也在放禁之列，经过看门人介绍，二人相见，情投意合，结成伉丽。新婚之夜，于祐和韩翠蘋都拿出珍藏的红叶诗片，韩翠蘋依着于祐羞涩地吟道："一联佳句随流水，十载幽思素素怀；今日却成鸾凤友，方知红叶是良媒。"

后人有诗赞咏道：
深宫寂寞锁烟鬟，一片无聊不耐闲；
愁思却同流水急，先随红叶到人间。

**百美图**

# 逾垣谋甚捷

红绡，唐代宗时一品重臣的侍女。聪明漂亮，温柔多情。由于一品重臣年老体衰，不解春情，所以一直愁眉寡欢，望月惆怅。当一品重臣的好朋友派儿子崔生看望重臣时，红绡被崔生的少年风姿打动，在红绡受命陪崔生进餐时，眉目传情，媚态横生。崔生临走时红绡送行，崔生回头盼望，只见红绡竖起三个指头，又返掌三次，然后指着自己胸前的小镜子低眉笑语："记取。"

崔生回家后眼前总是闪现着红绡的娇媚姿态，整日神情恍惚。但对红绡的手势百思不得其解。崔生的家奴昆仑听了崔生的讲述，便说："立三指的意思是，一品宅中有十院歌妓，她在第三院，返掌三次的意思是，三五一十五，指十五这一天，以手指胸前小镜，意思是十五月圆如镜，佳期相会。"崔生听后大喜，急忙问说："那样的高宅大院，我如何进去？"昆仑说："今晚我先去毒死警犬，明晚正好十五，我帮你翻墙而入。"第二天晚上，崔生和昆仑以黑布裹身，翻越院墙，来到红绡窗下。只见红绡窗户洞开，金灯微明，长叹而坐，若有所待。见到崔生，忙迎上去问："我知你聪明颖悟，能明白我的意思。只是不知你如何能进这高墙大院，因此叹伤不已。"二人缠绵悱恻，相亲相爱。在家奴的帮助下，二人回到崔生家中，过上了恩爱生活。

后人有诗专赞此事：
半转秋波反掌三，深情无限尽包含；
相思不怕重门锁，身出如从虎穴探。

百美图

## 执拂去毋迟

红拂,杨素侍妾。凤眼蛾眉,丰满不失纤巧。聪明睿智,艳美大方。隋朝末年,李靖以普通百姓的身份献策杨素。杨素盘坐于床,居功自傲。英俊飒爽的李靖进言说:"天下方乱,英雄竞起。你是重臣,应当收罗豪杰,不应这样怠慢宾客。"杨素听后,自觉失礼,下床谢罪。这时,杨素的侍妾中,有一位姣美的女子,手执红拂,正深情地注视着李靖。她看到眼前这位衣着朴素却气质非凡的男子,不由芳心欲动,李靖走时,她问清了李靖的住处和去向。

李靖回到住处,心里一直回想着执红拂的女子那多情的目光,俏丽的身姿,久久不能平静。迷迷糊糊睡到半夜时分,忽然一阵敲门声惊醒了他。李靖打开门一看,见一位身穿紫衣,头戴纱帽的人站在门外月下。李靖问他的姓名,那人回答说是杨素家的红拂。李请忙请进屋。待来人脱去衣帽,朦胧的灯光中,映照出一位美丽妖娆的女子,果然是他正在思念的红拂。红拂说:"我侍奉杨司空很久了,见过天下很多英雄,但从来没见过像您这样的男子汉大丈夫,所以我愿与您相守,一辈子侍奉您。"李靖大为感动,二人定居太原,生活幸福美满。

后人有诗赞咏此事:
红妆侍立捲轻罗,具眼英雄具若何;
笼络虬髯偏有术,相公才少妾才多。

百美图

## 审戒虚云犯

叶小鸾，字琼章，生于万历年间。从小寄养舅家，聪明秀丽，典雅大方。会作诗，能对弈，善弹琴，喜绘画，被人称作后世的班婕妤和蔡文姬。性情高雅，不喜奢华。和梅花相比，觉得梅花嫌瘦；和海棠相比，觉得海棠少清，所以称她为"丰丽"。她自恃聪明貌美，常说要博闻广识，读尽古今名著。

叶小鸾最不喜欢别人说她具有绝世之姿，倾城之色。一天早晨，她睡容未洗，酥晕犹存，显得风流雅致，娉婷无比。父亲跟她开玩笑说："你嗔怪人们称赞你姿丽色美，现在你乱鬓粗服，尚且如此惹人喜爱，那盛装之后的你，就更要美若天仙了。"就这样的一个美丽少女，不知老天为何忍心掠她而去。就在她准备结婚的前五天，疾病夺去了她的生命。纯情的少女，还没有领略爱情的温馨就随仙而去。家人及未婚夫恸哭不已，祭奠七天后安葬。

后人有诗赞咏道：
瀛州忽降拜师尊，法戒全空绮语存；
自有文章真不死，漫劳花底吊芳魂。

百美图

## 销魂定不疑

粉儿，是唐朝宋驸马家的侍女，妩媚漂亮，清秀可人。宋驸马非常喜欢她。宋驸马有个朋友叫詹天游，风流倜傥，一表人材。他经常来宋驸马家作客。宋驸马觉察到朋友每次来家，目光一直在侍女粉儿的脸上瞟来瞟去，心知朋友有意于粉儿。所以每次詹天游一来，他就安排粉儿作陪。粉儿也喜欢天游的相貌才识，二人在一起经常轻歌曼舞，情话绵绵。只因在朋友家里，所以一直未敢香销玉魂，暗渡陈仓。

随着二人交往日久，情窦初开的粉儿，已经深深地爱上了天游，天游更是抵挡不住粉儿芳香玉体的诱惑，两人柔情蜜意，难舍难分。一次天游在花园中搂抱着粉儿，口中喃喃自语："白藕香中见西子，玉梅花下遇昭君，不曾真个也销魂。"这话正巧被路过的宋驸马听见，他哈哈大笑说："你既然这样喜欢粉儿，我就将她送与你，请天游真个销魂。"天游、粉儿高兴无比，有情人终成眷属。

后人有诗专赞此事：

恍在巫山十二层，恋花空向曲阑凭。

不知白藕香真袭，此际销魂曾未曾。

**百美图**

158

# 章台欣复合

柳氏，原是李生的爱妾，后嫁与韩翊。一天，唐代著名诗人韩翊在好友李生家作客，发现李生家有一位娇艳美丽、聪慧飘逸的美女，便被她高雅的气质所吸引，一时看愣了神。李生见二人暗送秋波，便有意要成全这对才子佳人。于是专门摆设筵席，祝酒之时把柳氏赠给了好友韩翊。

天宝末年发生了安史之乱，长安和洛阳先后失守，人心惶惶，四处逃难。柳氏怕受到污辱，便削发污面，躲在法灵寺内。这时的韩翊，为避难起见，在节度使侯希逸幕府任职。

平定叛乱后，韩翊想念柳氏，用白绢袋装满金子，在上面题诗一首，派人去寻找柳氏。诗曰："章台柳！章台柳！昔日青春今在否？纵使长条依旧垂，也应攀折他人手。"

韩翊的使者来到长安，四方探询，总算找到了柳氏。读了韩郎的诗，柳氏伤心至极，她提笔写诗一首，回答韩翊："杨柳枝，芳菲节，所恨年年赠离别，一叶随风忽报秋，纵使君来岂堪折！"

原来这时的柳氏，已被平乱有功的番将沙叱利劫持了。

当侯希逸做了宰相，韩翊也随之回到长安，几番周折，终于见到柳氏，二人密约相见，抱头痛苦，互诉相思之情。韩翊的好友，侯希逸的侍从军官许俊得知了原委，便冒充番官，趁沙叱利外出，将柳氏抢了回来。韩翊怕沙叱利报复，求助于侯希逸。侯希逸上奏朝廷，禀明事情原委，不久皇上下诏，判柳氏归韩翊所有，并赐给许俊两百万钱。柳氏终于又回到了韩翊的怀抱。

后人有诗赞云：
柳丝飞去又飞来，车碾黄尘泪作堆；
大时代兼悲喜剧，令人狂笑令人哀！

百美图

## 湓浦恨轻离

浔阳，即今江西九江。浔阳妓年轻时不仅相貌姣好，而且弹得一手好琵琶，靠卖艺为生，因为她才貌双全，很多达官贵人都愿结交她，争相邀她侍酒作陪，倾听她娓娓动听的琵琶曲，欣赏她琵琶半遮面的娇羞姿态，当时的她青春美貌，风光之极。

随着岁月的流失，她的姿色渐衰，过起了流离失所的生活。迫不得已，嫁于商人为妻，商人整日为生计所忙。以摆渡为生的丈夫无暇顾及她的多愁善感，她常常寂寞相伴，郁郁寡欢。每当想起过去的日子，更是感慨万千，泪水涟涟。恰逢此时，白居易被贬为九江郡司马，送客人到了这里，听到漂泊的舟中传来忧伤的琵琶声，如怨如慕，如泣如诉，感人肺腑。白居易忙四处询问，方知弹琵琶的妇人原是一位名妓，因年老色衰，流落他乡。面对此情此景，白居易百感交集，这位惯于写民间疾苦的唐朝大诗人，写下了六百一十六句举世闻名的《琵琶行》。

后人有诗为证：

离情脉脉口难缄，月下琵琶江上帆。

迁客天涯还送客，闻声争不湿青衫。

百美图

## 欲向君王觅

贾爱卿，宋朝的著名官妓。风流艳美，光彩怡人。她的艳名传遍了整个长安城。李师中路过长安，专程要一睹贾爱卿的芳颜。于是任陕西安抚使的韩魏公热情地接待了李师中，当李师中说出了他的愿望时，韩魏公专门派人请来贾爱卿侍酒陪客。李师中是个能诗善词的才子，在当时很有名气。席间，他看到贾爱卿脱凡超俗的容貌，高雅不凡的气质，以及柔光顾盼的神情，不禁如痴如醉，飘飘欲仙。他随口吟道："愿得貔貅十万兵，犬戎巢穴一时平。归来不用封侯印，只问君王觅爱卿。"贾爱卿得到李师中的称赞，粉脸含羞，蛾眉低垂，活脱脱一幅美女娇羞图，更是让人怜爱不已。经过李师中的一番称赞，她的艳名更是远扬天下。后人有诗赞云：

欢畅才得与勾留，一种柔情惹客愁；

不道座中多见惯，为他谈笑博封侯。

百美图

# 遑辞节度随

关盼盼，唐朝妓女，张愔尚书的爱妾。风流高雅，擅长唱歌跳舞，又善于写诗弄文。张尚书很宠爱这个美丽深情的爱妾，为她修造了奢华壮观的"燕子楼"。他们饮酒赋诗，品评山水人物，高兴时弹曲唱歌，轻盈曼舞。燕子楼里充满了他们温馨的爱情，飘逸着爱的芳香。张尚书离开人世后，关盼盼独自居住在燕子楼里，睹物思人，倍觉伤感，眼前的一切都使她深深地怀念旧人，幽情缠绵。她居住在这里长达15年。在这里她写下了幽怨的情诗："楼上残灯伴晓妆，独眠人起合欢床；相思一夜情多少，地角天涯未是长。"以此来寄托自己的情思。此诗写得柔肠寸断，惹人惜怜。大诗人白居易看到关盼盼的情诗后，爱不释手，他没想到一个女子能写出这样柔情似水的好诗。有感于此，白居易写诗和道："满窗明月满帘霜，被冷香清拂卧床；燕子楼中更漏水，秋宵只为一人长。"白居易的诗深深地道出了关盼盼的相思之苦。关盼盼庆幸世间终于有人理解了她的这份情感，便绝食而死。

后人有诗赞咏道：

一楼霜月锁愁眉，盼断尚书墓上枝；

十二年来身不死，深心应得九泉知。

百美图

## 鸳鸯飞忍背

徐月英，江淮名妓。生得凤眼柳眉，粉面桃花，袅袅婷婷，风姿绰约。尽管有闭花羞月之貌，却不料命运多舛，爱上了一个无情无意的郎君，一生幽怨凄凉。一天，在"春意楼"里，她结识了一个穷秀才，名叫董诚。董诚看到貌美如仙的徐月英，不禁春心荡漾。他一边甜言蜜语，一边信誓旦旦，使徐月英坚信他是她一生的依托，缠绵之后，徐月英将心中的苦怨和向往都倾诉给如意郎君，并告诉董诚，她会全心全意地等着他。他们如胶似漆地度过了一天又一天。当月英在那个风和日丽的早晨送走了赴京赶考的董诚，便开始了让人揪心的、漫长的等待。时间已过去了三年，董诚仍杳无音讯，徐月英望着滔滔的河水，觉得自己的一片爱心付之东流，她写下了一首痛心疾首的诗：

惆怅人间万事违，两人同去一人归。

生憎平望桥头水，忍照鸳鸯两背飞。

百美图

168

## 鹦鹉唤还痴

琵琶,宋朝丞相蔡确的侍儿。妩媚漂亮,秀丽端庄,深受蔡确宠爱。二人朝夕相处,爱情日深一日。

蔡确被贬新州时,一些势利的家奴亲友都弃他而去,只有琵琶对她的感情一如既往,带着她心爱的鹦鹉鸟,陪伴蔡确同行。蔡确深深地体会到只有他失意时所拥有的感情才是最珍贵的,是牢不可破的。那聪明的鹦鹉是他们爱情的信使,若是琵琶不在身边,蔡确只要轻扣一下响板,鹦鹉便急忙叫道:"琵琶快来,琵琶快来。"花丛中的琵琶闻声,便很快赶回来,坐在蔡确身旁,他们就这样度过了一个又一个快乐的日子。后来琵琶死了,蔡确心里一直怀念着琵琶,整日忧心忡忡,心力憔悴。有一天,他心里想着琵琶,手不由自主地扣响了响板,鹦鹉便不停地呼唤着琵琶,这声声呼叫,引起了蔡确的无限伤感,从此思念成疾,忧郁而死。真是"鹦鹉言犹在,琵琶事已非。"

后人有诗赞道:
罗帐香销偶欠伸,犹闻鹦鹉唤频频;
伤心再渡新州水,无复当年顾影人。

**百美图**

## 驿里缘希续

秦若兰,五代南唐名妓。风流多情,妩媚漂亮。她以天赋的柔情丽姿,赢得了交际花的美名。她舞姿翩翩,歌如夜莺,深得达官显贵、文人骚客的青睐。当陶榖这个狂妄不羁的名士奉使江南时,对陶榖颇为嫉妒的李谷给韩熙载写信,让他想办法羞辱陶榖一番。韩熙载接信后,左思右想,想出了一个美人计。偏偏这陶榖是个好色之徒,创下了风流绝唱。韩熙载命交际花秦若兰妆扮成打扫院落的驿卒女,侍候陶榖。尽管秦若兰身穿普通的服装,却遮掩不住她的艳丽和高雅的气质,陶榖经不住美色诱惑,忘记了自己的身份,百般调笑秦若兰,竟与之私通。事后,他给秦若兰赠送了《风光好》一词,词曰:"好姻缘,恶姻缘,只得驿亭一夜眠,别神仙。琵琶拨尽相思调,知音少。待得鸾胶续断弦。是何年?"过了几天,南唐李主宴请陶榖,陶和以前一样,毅然不顾,旁若无人。李主唤出秦若兰,命她弹唱陶榖新作的词劝酒,陶榖听后,羞愧满面,十分难堪。即日北回。

后人有诗专述此事:

一夜姻缘未忍抛,漫将恩爱比鸾胶;

秦娥唱出风流调,难解词人万古嘲。

# 百美图

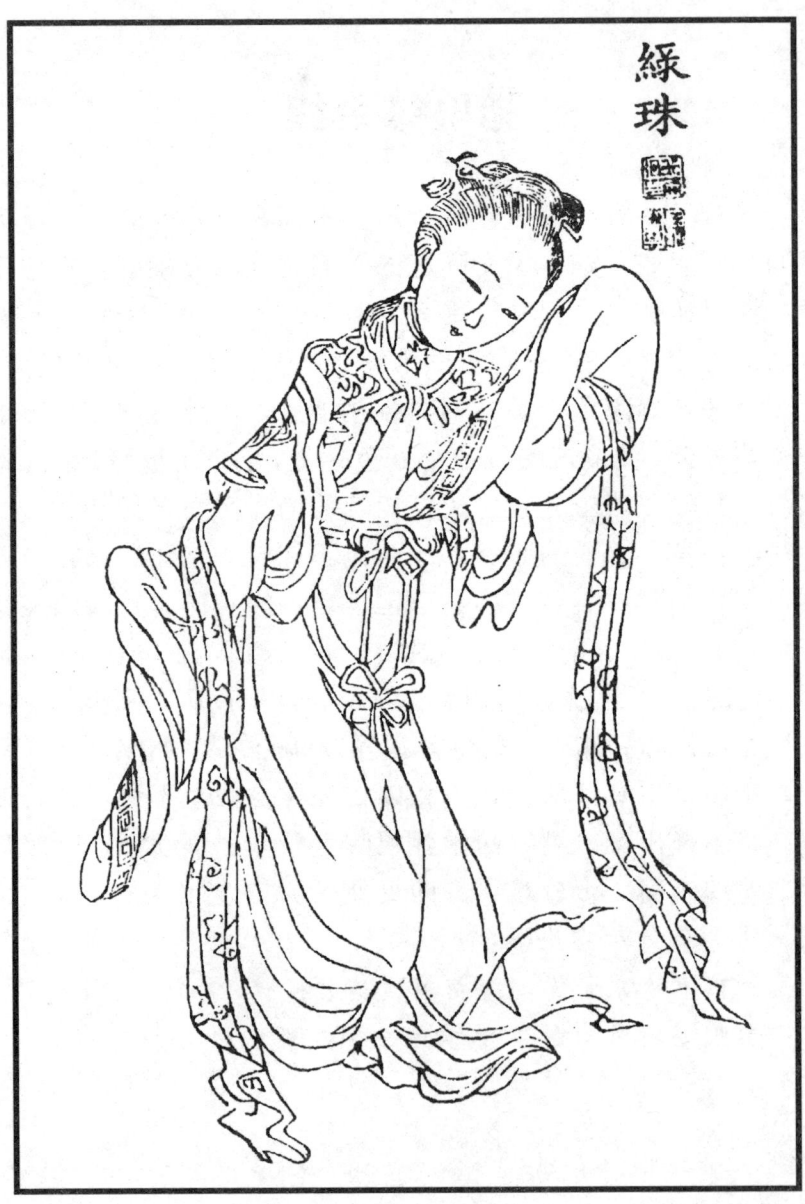

## 楼中祸忽罹

绿珠，原姓梁，白州搏白县（今广西）人。因山清水秀，人物俊美。按当地风俗，生男为珠儿，生女为珠娘，绿珠的美名即由此而来。晋朝的石崇出使交趾，发现了美若天仙的绿珠，就用了三斛珍珠把她买回，专宠河南别墅。二人吹笛弄箫，轻歌妙舞，极尽欢娱。

正当此时，赵王司马伦杀死贾后，自称相国，专擅朝政，无所不为。赵王伦手下有一个宠幸的佞臣孙秀，听说石崇买回了一个如花似玉的美女，就想夺过来据为己有。孙秀派人来索绿珠，石崇坚决不允，并说："绿珠是我最爱的女子，谁也别想夺去。"说完拂袖而去。使者将石崇的原话告诉孙秀，孙秀恼羞成怒，在赵王伦面前谗言石崇作乱，要赵王伦处死石崇。赵王伦命孙秀派了人马，直奔石崇别墅而来。石崇对绿珠深情地说："为了你，我得罪了这些佞臣权贵，今日恐怕要大难临头了。"绿珠看着深爱着自己，而又无可奈何的石崇，一串串泪珠夺眶而出。她毅然对石崇说："有你对我的这片深情，我死而无憾。"说完跳楼自杀。

后人有诗赞咏道：

金谷歌余衅忽生，使君义重妾身轻；

季伦应悔平生事，得罪何曾但为卿。

百美图

## 井桐题落叶

　　传说在古代蜀地，有一个姓侯的儒生，闲来无事，在大兹寺楼旁闲转散心。忽然一阵秋风吹来，从树上飘下一片桐树叶子，儒生拾起一看，见叶上题有一诗："拭翠敛双蛾，为郁心中事；搦管下庭除，书就相思字。此字不书石，此字不书纸；书向秋叶上，愿逐秋风起。天下有心人，尽解相思死；天下负心人，不识相思意。有心与负心，不知落何地。"这个儒生翻来覆去地看个不够，心里十分高兴。没想到这个大慈寺楼里竟藏着个忧愁柔情的女子。儒生于是将这片秋叶珍藏在竹盒子里。五年后他请一个算命的人算算他的婚姻，算命先生算定，他要娶一个美丽的妻子任氏。待他会面时方知，任氏真是一位忧郁多情、娇中带羞的美貌柔情女子。新婚之夜，任氏依着儒生肩头，吟咏所作诗词，竟与秋叶上的诗只字不差。

　　后人有诗赞咏道：
　　袅袅西风一叶飘，有人揾泪湿红绡；
　　只有识得相思字，怨女魂先未嫁销。

**百美图**

## 春草感天涯

朝云，是苏东坡的宠妾，浙江钱塘人。美貌多情，能诗善歌，媚态妖娆。苏东坡常和朝云一起吟诗作词，谈景抒情。后来，苏东坡被贬惠州，其他家奴侍妾都相继离去，惟有朝云一直相随，陪伴落寞中的苏东坡，爱心专一，至死不渝。一天，苏东坡携朝云踏青，当他看到秋风瑟瑟，落木萧萧，不觉悲从中来。于是让朝云为他唱一曲花褪残红的歌，以发泄心中的愤懑与失意。朝云看着忧怨的东坡，又看看凄凉的秋风，哽咽着无法唱歌，只是泪湿衣衫。东坡问她为何而哭，朝云回答说："我之所以唱不出声，是有感于枝上柳绵吹又少，天涯何处无芳草。"苏东坡听后哈哈大笑，自我解嘲道："我正在悲叹秋风，你却在伤感春色。"

朝云死后，苏东坡为了悼念朝云，祭奠她的灵魂，终生不听这阕词。

后人有诗赞道：

长恨天涯柳色新，每同芳草送行人；

那堪唱到红芳褪，泪滴残檠又送春。

百美图

## 袍寄谐今偶

唐代开元年间有个宫女，长得妩媚端庄，灵秀可人，多愁善感。但因久居深宫，春情压抑，经常唉声叹气，愁眉不展。时过不久，唐朝又要出派大量的士兵戍边，宫女们都在赶制战袍。她一边缝制战袍，一边浮想联翩，便在战袍上绣了一首诗。一士兵发现了此诗，展开一看，只见上面绣道："沙场征戍客，寒苦若为眠；战袍经手作，知落阿谁边。蓄意多添线，含情更着眠；今生已过也，愿结后生缘。"读罢诗，士兵兴奋异常，他很想找到这位多情的宫女，急中生智，他把诗拿给将帅，述说了此事。将帅又将此事上奏皇上。唐玄宗手拿情诗，亲自来到后宫，遍示宫女，寻找此诗的作者，并声明决不降罪。这时，一个身材颀长，面容娇美的宫女，穿着轻纱曳地长裙缓缓走出，低眉顺目，乞求皇上宽恕。皇上很同情这位多情的宫女，便把她嫁给了那位士兵。士兵和这位宫女喜结今生缘。

后人有诗赞咏道：
战袍新制翠蛾颦，竟得团圆了夙因；
不是君王感牛女，他生事幻此生真。

百美图

## 荷芬证宿尼

卢媚儿，唐朝时期颍州官妓，她那长长的柳叶眉下一双上翘的丹凤眼，给人一种柔中带俏的感觉，白净的瓜子脸，挺直的鼻梁，红红的樱桃小口，无处不流露出清秀妩媚，高雅漂亮，时人称之为"雅荷花。"卢媚儿在颍州名噪一时，至今仍流传着她的美名。因她是官妓，所以名门望族、达官贵人都想一近香泽，邀请她的人络绎不绝。没想到这支远近闻名的"雅荷花"却惹醉了一个有钱有势的和尚，这和尚仗其财势，愿出巨资，想和卢媚儿一夜销魂。卢媚儿却是位柔中带刚的女子，她坚决不屈从和尚的淫荡专横，被逼无奈，最后投江而死。卢媚儿的死，更加得到人们的敬重，人们至今还传播着这位刚烈女子的故事。

后人有诗云：
舌底氤氲似吐莲，馨香端不藉龙涎。
未能了得烟花债，空坐蒲团二十年。

# 百美图

182

## 仙女降羊家

萼绿华，原名罗郁，是九疑山上的道女，年轻貌美，皮肤白皙，一身轻衣，俏丽非凡。晋朝升平年间，下凡人世，落入书生羊权家。羊权英俊潇洒，一表人材，但未及仕途，生活贫困。羊权见天降美女，喜出望外，对萼绿华关怀备至，二人纺纱织布，种田读书，相携相随，虽然生活清贫，却恩爱无比。

当地有一个好色的达官，名叫周肆，仗着有钱有势，想要霸占萼绿华。他先是以财物诱惑，趁羊权不在，给萼绿华送来漂亮的丝衣和金银首饰，萼绿华坚辞不收。第二天又派媒婆说情，并许诺说只要萼绿华答应他，保证她享不尽的荣华富贵，吃不完的山珍海味。尽管周肆说的天花乱坠，萼绿花只是不理。气急败坏的周肆穷凶极恶，勾结官府，栽赃陷害，将羊权整死在狱中，强行霸占萼绿华。萼绿华悲伤之极，吃药化仙而逝。

后人有诗赞云：
餐霞饮露九疑山，忽降羊家赠玉环。
何事仙居犹抑郁，夜深骑鹤到人间。

百美图

184

## 仙窟饮琼卮

　　唐时有一秀才名叫裴航，因考试落榜而漫游鄂渚。到了襄汉，裴航途径蓝桥驿站，因口渴走进一小茅屋求饮，见屋内有一老太太在编织丝麻，便上前说明来由，老太太向里屋呼唤云英，只见走出一位粉脸桃腮，姿容绝世的姑娘，一双纤美的小手捧着一碗玉浆，细步轻移向裴航走来，裴航一时看呆了，不想玉浆已递到手上，他慌忙接住了碗，喝了玉浆。裴航借口人困马乏，希望老太太留他住宿。老太太答应后，他便说很喜欢云英、愿出厚礼聘之。老太太说："我已年老，只有这一个孙女相伴。昨日来了一位神仙，留下一份灵丹妙药，但须用玉杵臼捣一百天方可吞服。你若娶我孙女，必须用玉杵臼作聘礼。"裴航连忙答应在一百天内一定送来玉杵臼。裴航告别后，回到京城，茶饭不进，整日在市面上寻求玉杵臼。最后终于在一个老货郎那里发现了玉杵臼，但价钱昂贵。他将全部的钱财及自己的仆人和坐骑都作了抵押，才购得玉杵臼，急忙带回蓝桥，老太太见后非常高兴，认为裴航诚实可信，孙女也可托付此人。云英看着裴航笑道："尽管这样，你还得帮忙捣药一百天。"药成之后，老太太吞服了灵丹妙药化仙而去，裴航和云英也双双入玉峰成仙。

　　后人有诗赞咏道：
　　素手擎来别有香，蓝桥一夕饮琼浆；
　　此身得傍神仙窟，捣药何辞百炼忙。

百美图

## 洛渚陵波袜

洛神即洛神之女，传说是古帝伏羲的女儿，名叫宓妃，在游渡洛水时，不幸淹死，成了洛水女神。

传说宓妃嫁给了黄河水神河伯为妻。而河伯是个风流情种，对妻子并没有真实爱情，每年都要娶一个新娘子陪他作乐。宓妃伤心极了，整日郁郁寡欢，以泪洗面，恰在这时，她遇到了失意的射神羿，两人很快堕入情网，共渡爱河。正当他俩卿卿我我，甜蜜无比的时候，河伯发觉了此事，就化作一条白龙找羿算帐，却被羿一箭射瞎了左眼，从此河伯变成了独眼龙。善良的宓妃看到河伯的眼睛瞎了，心里很愧疚，就中断了与羿的来往。美丽善良的洛神故事一直被世人广为传说。

三国时期的曹植到京城洛阳朝拜了已做皇帝的曹丕，曹丕送他一个玉缕金带的枕头，到了洛水之滨，曹植枕着这个枕头迷迷糊糊进入梦境，梦见一个美女约他次日在洛河之滨见面。第二天，曹植如约前往，看见一群身着彩衣的仙女，簇拥着一个面貌姣好的女子，两人一见如故，恋恋不舍。后来曹植写了著名的《洛神赋》，以赞洛神之美。

后人有诗专赞洛神：
绰约芳姿洛水中，飘摇似雪舞回风；
何因感得陈王赋，漫说高唐入梦同。

**百美图**

# 巫峰行雨祠

　　巫山神女，传说中是太阳神炎帝的女儿，名叫瑶姬，是一个娴淑美丽的姑娘。不幸的是，正值豆蔻年华，却不幸早夭了，葬于巫山之南。天帝很同情女儿，封她做巫山云雨之神，早晨她化作绚丽的朝云，在幽山峡谷中飘浮；晚上化作茫茫暮霭，对青山绿水倾诉哀愁。

　　战国末年，楚怀王游览云梦泽时，住在行宫"高唐"里，热情大胆的神女瑶姬在大白天悄悄跑进行宫，向睡梦中的楚怀王倾吐了自己的爱情。楚怀王醒后一直回味着梦中的情景，就命人在巫山之南修了一座宙宇叫"朝云"。后来，怀王的儿子襄王和他的御用文人宋玉来此游玩，宋玉讲了楚怀王的故事，襄王羡慕不已。当天晚上宋玉也做了同样的梦，并告诉楚襄王，襄王命人以这两次梦的题材，作了两篇有名的赋：《高唐赋》和《神女赋》，描述此情，赞美巫山神女。

　　后人有诗赞咏：
　　为云为雨气如何，十二峰高变幻多。
　　总为无端成好梦，空令千载想巫娥。

百美图

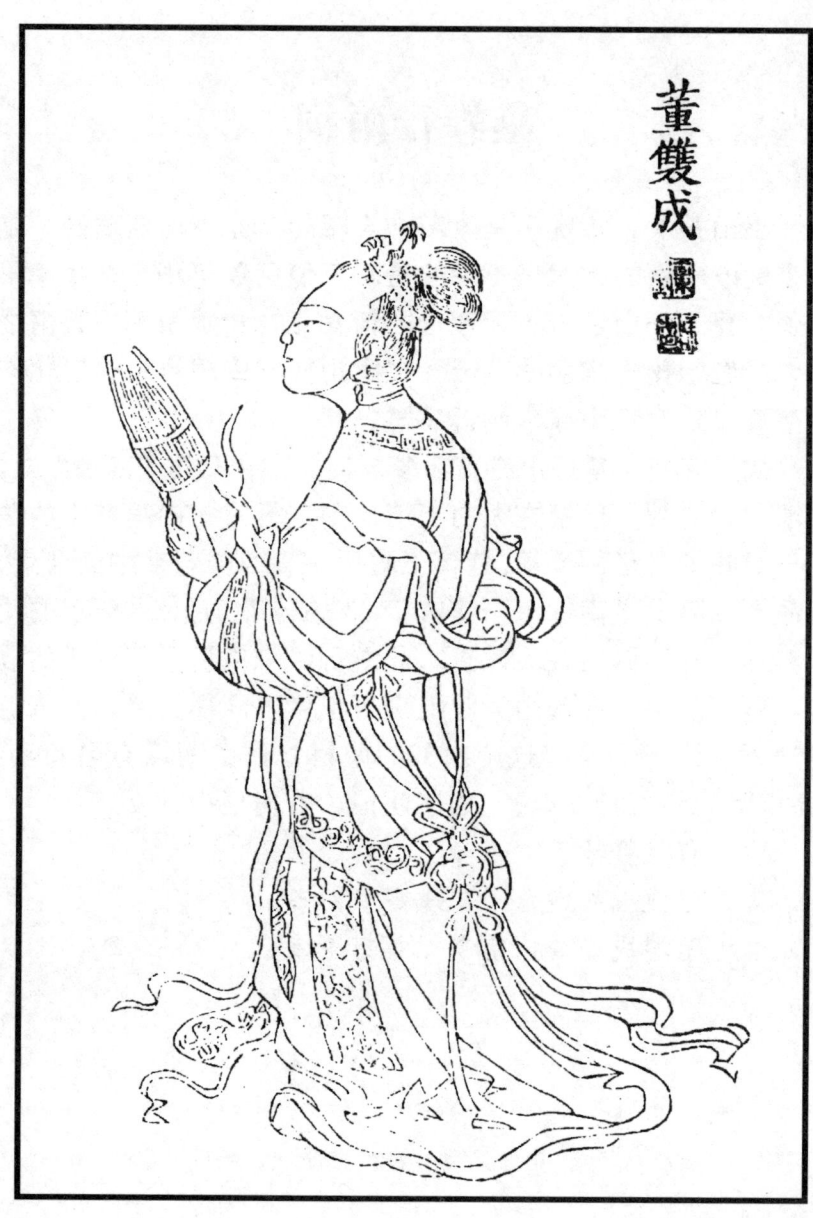

## 云和凭搦管

　　董双成，传说是王母娘娘的侍从丫环。长得妩媚漂亮，聪明贤淑。掌管吹奏云和之笙，每当西王母有喜庆大典时，她就大显身手，独领风骚。汉武帝好大喜功，在西汉王朝安定祥和、繁荣昌盛之时，举办了声势浩大的庆祝宴会，邀请西王母及众多侍女下凡作乐，西王母就派各有专长的女侍来到西汉皇宫，捧场凑兴。汉武帝一眼就看中了面容姣好的董双成，更喜欢听她婉转动人的乐曲，汉武帝请求西王母留下了董双成。从此，董双成在宫内吟诗吹笙，翩翩起舞，为汉武帝增添了许多乐趣。也正因此，汉武帝迷恋上了迷信妄言，到处招请名人方士，寻求长生不老药，妄想成为神仙。董双成极力劝谏汉武帝，可汉武帝已是人到老年，刚愎自用，一意孤行。董双成失望之极，无奈只好重回天宫。

　　后人有诗云：
　　飞来青鸟约芳踪，侍女随从五色龙。
　　乐奏八音皆备举，云和声彻彩云重。

百美图

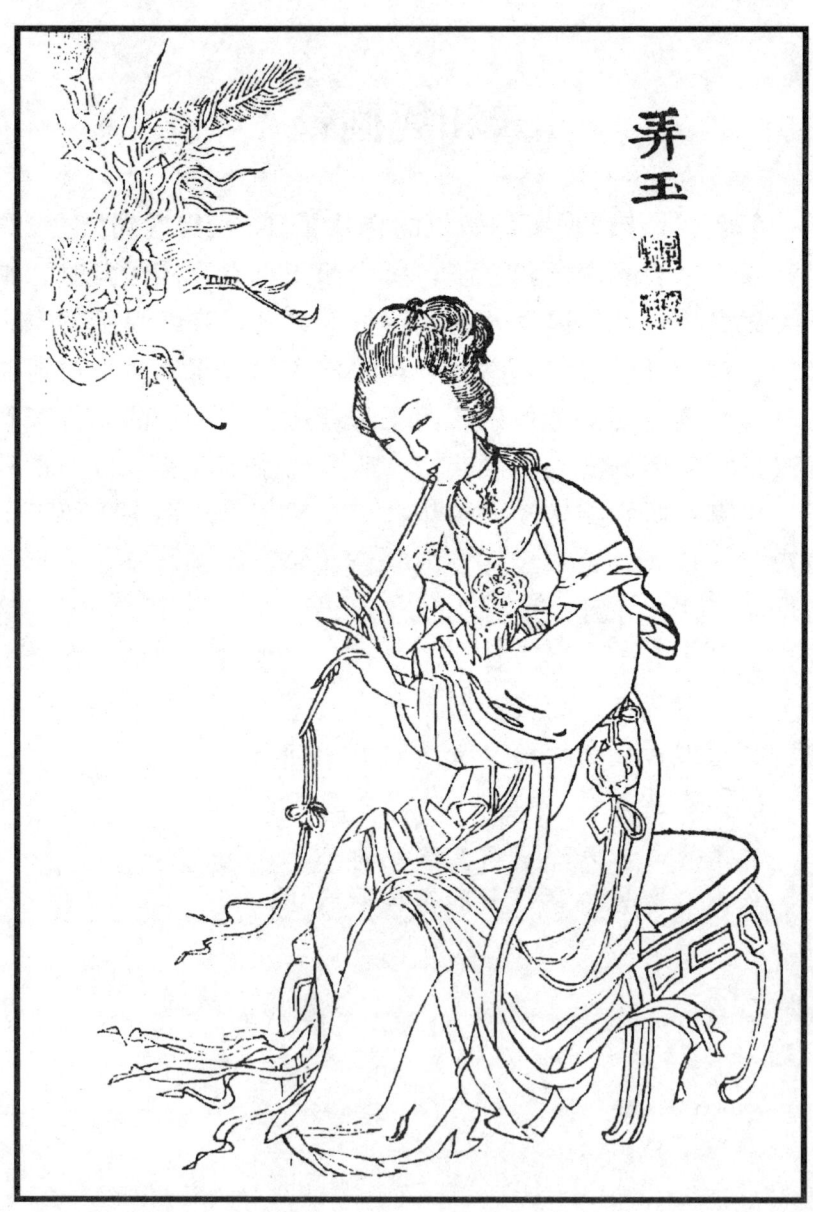

## 彩翼羡联骑

弄玉,是秦穆公的女儿,妩媚漂亮,喜欢吹箫。秦穆公疼爱小女,为了满足女儿吹箫的心愿,在秦国找了一个箫吹得非常好的年青人,名叫箫史,请他来教女儿。箫史的箫吹得特别好,他的箫声竟然能把孔雀和白鹤招引到他面前并翩翩起舞。弄玉天天和箫史一起练箫,日久生情,两人情投意合,穆公便将女儿嫁给了箫史。

弄玉在箫史的指导下,箫已吹得很娴熟,模仿出凤凰的叫声让人真假难辨。有一天她正在吹箫,只见一个凤凰闻声而来,落在屋顶上,秦穆公非常高兴,认为这是祥瑞的征兆,就修筑了一座华美的凤台,让箫史和弄玉居住。一天,弄玉和箫史正在吹箫时,空中有一条龙和一只凤凰飞过来,箫史跨上龙,弄玉乘上凤,二人腾空而去。

后人有诗专述此事:
凤箫吹彻凤飞来,彩羿联翩出凤台。
我欲秦楼寻旧迹,空余明月影徘徊。

**百美图**

# 幸窃长生药

嫦娥，是后羿之妻，美艳端庄，蛾眉含黛，娇柔多姿
起初，嫦娥和后羿的关系很融洽，他们夫妻相亲相爱。但是，后羿是夏朝时有穷国的君主，他因自己善于射箭，射下了天上的九个太阳，只留下一个照亮人间，为人们解除了酷热的煎熬。从此，后羿居功自傲，目空一切，导致朝廷腐败，政治黑暗。作为妻子的嫦娥看不惯后羿胡作妄为，多次劝谏，但他终是不听。嫦娥悲痛欲绝，对天长叹。

有一天，后羿从西王母那里弄来了长生不老药，想青春长在，永远统治人民。嫦娥发现了长生不老药，误以为是毒药，她心想自己的丈夫残害人民，那是自己的耻辱。与其像这样活着，内心受到苍天的谴责，还不如死了心净。趁后羿外出狩猎时，她偷吃了长生不老药。

不料偷吃了长生不老药后，嫦娥却成了神仙，而且变得更加美丽动人。她轻舒长袖，飞入月宫，脱离了人世间的喧嚣，过起了自由自在的生活。可是月宫里的生活冷清单调，嫦娥尽管美艳绝伦，青春常驻，可她享受不到人情乐趣，常感寂寞难耐，整天愁眉不展，郁郁寡欢，独自一人曼舞月宫。后来，人们都以她的青春美貌传颂于世，把她当作美女的化身。

后人有诗赞云：
碧海青天最有情，玉钗明月共凄清；
他生若化奇男子，飞入仙宫永伴卿。

百美图

## 何妨七夕期

相传,织女是天帝的孙女,不但姿容秀丽,而且心灵手巧,是一个多情善感的姑娘。她勤勤恳恳,日夜不息地纺纱织布,天帝很疼爱她,就把她许配给人间牛郎,让牛郎照顾关怀她。

织女和牛郎一见钟情,相敬相爱,二人沉浸在甜蜜的爱情生活中,她们生下了一双儿女。织女忙着操心疼爱牛郎和孩子,根本没时间纺纱织布,天帝的人就没有衣服穿了。天帝非常恼怒,派人下凡把织女抓回了天宫。织女被抓走时,牛郎正好不在家,两个孩子嚎啕大哭。牛郎回家一看,急忙用担子挑着两个孩子去追。眼看就要追上织女了,这时天帝把手一挥,在身后划了一条银河,阻挡了牛郎的去路。从此以后,牛郎和织女一个在河东,一个在河西,只能隔河相望。天帝念及牛郎织女恩爱一场,情丝难断,就规定,允许织女和牛郎每年七月七日这天相见。七月七日这天,许许多多的喜雀站在银河里,为牛郎和织女搭桥,让他们相会。这就是现在"雀桥"的来历。

后人有诗赞咏道:
一嫁何当废女工,情浓反致各西东;
天孙莫怨终年别,长喜年年此会同。

图书在版编目(CIP)数据

百美图/杨居让,任越美 编 .—西安:三秦出版社,2000.5
(2023.6 重印)
(图文版人物写真)
ISBN 978－7－80628－394－3

Ⅰ.①百⋯ Ⅱ.①杨⋯ ②任⋯ Ⅲ.①女性－历史人物－生平事迹－中国－古代－图集 Ⅳ.①K828.5－64

中国国家版本馆 CIP 数据核字(2023)第 084116 号

## 百美图

杨居让　任越美　编

| | |
|---|---|
| 出版发行 | 三秦出版社 |
| 社　　址 | 西安市雁塔区曲江新区登高路 1388 号 |
| 电　　话 | (029)81205236 |
| 网　　址 | http://www.sqcbs.cn |
| 邮政编码 | 710061 |
| 经　　销 | 全国各新华书店 |
| 印　　刷 | 山东阳谷毕升印务有限公司 |
| 开　　本 | 720×1000 |
| 印　　张 | 13 |
| 字　　数 | 60 千字 |
| 版　　次 | 2000 年 5 月第 1 版 |
| 印　　次 | 2023 年 6 月第 2 次印刷 |
| 印　　数 | 8001－13,000 册 |
| 标准书号 | ISBN 978－7－80628－394－3 |
| 定　　价 | 46.80 元 |

版权所有　侵权必究
凡有缺页、倒页、脱页,可与工厂直接调换。